Abd Rahman anNur Thani

99 NOMS DE DIEU

Abd Rahman anNur Thani

99 NOMS DE DIEU

Les clés de la connaissance certaine de la présence de Jésus parmi nous

Éditions Croix du Salut

Imprint

Cover image: www.ingimage.com

Publisher:
Éditions Croix du Salut
is a trademark of
Dodo Books Indian Ocean Ltd. and OmniScriptum S.R.L publishing group

120 High Road, East Finchley, London, N2 9ED, United Kingdom
Str. Armeneasca 28/1, office 1, Chisinau MD-2012, Republic of Moldova, Europe
Printed at: see last page
ISBN: 978-620-6-16809-6

SOMMAIRE

Ce livre montre comment la perfection spirituelle donne les moyens d'interprétation des signes qui peuplent notre environnement. On y voit que la pratique de la mention de Dieu, par les 99 noms, est aussi connue par les gens du livre. En outre, des versets du Saint Coran témoignent sur les guides des juifs et des chrétiens tout comme il le fait pour toutes les différentes communautés concernées par la transmission de la Parole.

Cet ouvrage donne des clés pour accéder au mystère de la Présence Seigneuriale. Et du coup, il permet de comprendre comment se conformer à la Vérité et à la Justice dans la gouverne de soi et de l'altérité. Ces compétences relèvent de la pratique excellente de la mention du nom du Seigneur.

Cette note introductive et les deux dernières pages résument cet ouvrage qui ne s'adresse qu'aux personnes qui se préoccupent de la santé de leur cœur.

L'auteur se désigne, ici, Abd Rahman anNur Thani, par celui dont il porte la parole. Il est un ancien de l'Ecole Régional Normale William de Kolda, de l'Ecole Normale Supérieure de Dakar et du Centre d'Etudes Supérieures en Science et Technique de l'information.

Ce premier livre appartient à une série d'ouvrages qui explique la théorie de l'évanescence qui permet de comprendre comment le discours résulte des signes.

Il est né le 15 muharam 1389. Cette année se situe à l'an 1441 du Maouloud ou à l'an 2029 de la naissance de J.C. Il milite en faveur de l'éducation spirituelle afin que les peuples soumis se trouvent les moyens de s'affranchir de la peur qui les ligote.

Qu'Allah préserve de l'erreur par laquelle le Maudit guide vers la déchéance tout en éloignant de la miséricorde divine.

Au nom d'Allah le Tout-Miséricordieux, le Très Miséricordieux.

Que le Salut soit accordé à Muhammad et que la Paix s'étende sur sa famille, ses compagnons, son assistant et sa communauté.

Que la miséricorde divine demeure la quête des créatures afin qu'ils découvrent le sens de leur existence que dans l'adoration.

Allah est le Seigneur. Le messager illettré, plus savant que tout savant lettré, est notre guide. Que la Grandeur d'Allah demeure célébrée par le nom d'Allah, le Tout-Miséricordieux, le Très-Miséricordieux par les Lumières des Louanges qui accordent l'agrément et les grâces aux serviteurs.

Avant-propos

Ici, un journaliste porte la parole qui diffuse l'expérience intime de l'aspirant Abd Rahman anNur Thani. Pour s'y prendre, il s'initie aux arcanes de la spiritualité. Il réussit à trouver un fil conducteur qui lui permet d'arriver à aligner les amas d'informations éparses de l'aspirant en une série de causes à effets. Ce fil conducteur est une théorie : celle de l'évanescence.

Le passé et l'avenir des créatures s'inscrivent dans une trame qui dirige tout droit vers la fin des temps. Tel est le postulat de la théorie de l'évanescence. Les données divines s'offrent de manière précise, brève et dense dans l'instantanéité. En effet, la Parole du Créateur n'est pas un discours : c'est une manifestation de la Vérité par la Lumière.

La théorie de l'évanescence rend compte d'une connexion de l'aspirant à la vision qui génère ses missions : on ne peut devenir le meilleur que si on met en œuvre ce pourquoi on est créé or des voiles s'interposent entre l'homme et la découverte de sa mission par l'interprétation juste de ses visions. Nos voiles résultent de notre corruption par les structures sociales et l'inefficacité de l'éducation par les items de connaissances manquants.

La réforme de soi consiste à se dépouiller des vices afin que la relecture de l'Ecriture reproduise le Salut et la Paix. Après cette phase vient l'approfondissement des bases de la connaissance acquise et stabilisée par les enseignements des saints qui ne font servir que dans des formes digestes l'exemple de la pratique de Muhammad **- Que la Paix et le Salut soient sur lui-** de la religion du patriarche Abraham – Que la Paix soit sur lui-, l'Islam la seule religion agrée par le Créateur. Ce processus de dépouillement de tous les voiles qui s'interpose à l'usage optimisé des sens, de la raison et du cœur s'opère par l'évanescence de l'être dans sa dimension seigneuriale qui le connecte, à nouveau, à la perception de la réalité profonde de tout existant. L'évanescence est un état du cœur qui amène l'être à la saisine de sa dimension d'instrument par lequel se manifeste la volonté divine.

En ce sens, les étapes du perfectionnement spirituel de Abd Rahman anNur Thani II sont des assimilations et des pratiques à travers : la lumière des nombres, l'ascension par la lumière, l'immersion spirituelle, la certitude sur l'unicité de la réalité divine, l'assurance de la singularité de la communauté des serviteurs élus, la paix comme la valeur suprême de l'enseignement religieux et enfin la recherche de grâces et de l'agrément, comme exutoire pour l'aspirant.

Cher lecteur, tu veux savoir si des créatures comblées de bienfaits pourraient être considérées comme des divinités ? Tu me demandes aussi si les conjectures qui naissent des élans passionnels de la grande majorité des hommes peuvent être un marqueur qui révèle la vérité ? Je te réponds que ma quête du monothéisme pur m'a amené à comprendre comment les hommes se complaisent, par leur adoption de doctrine sans examen critique, dans l'erreur et comment méconnaissent-ils les voies qui mènent à la découverte des trésors de leur cœur ? En effet, la paix demeure le but ultime de la recherche de la Proximité du Seigneur et sache qu'elle s'obtient par l'action et la science.

La théorie de l'évanescence s'essaye à expliquer comment le réel participe par ses entités à des échanges. Elle désigne une explication des signes par un discours. Il s'agit d'une interprétation. Une théorie de connaissance désigne un système formé d'hypothèses, de connaissances vérifiées et de règles logiques. Dans l'existence, la connaissance des créatures procède par celle des Actes qui leur attribut leur essence.

En effet, la connaissance parcellaire constitue le plus grand obstacle à la connaissance approfondie de la réalité divine. A ce sujet, la connaissance cloisonnée des états de l'eau présente un liquide, un solide et un gaz. La chimie permet d'arriver à une analyse de la molécule d'eau à travers ses constituants : l'hydrogène et l'oxygène. Ce dernier se révèle nécessaire à la vie tandis que l'hydrogène peut se révéler comme un moyen de destruction massive de la vie par la maitrise de l'énergie de son noyau. De la dialyse de l'eau, source de la vie, on arrive à la matière destructrice de la vie. Tel se révèlent, dans les connaissances, les sciences profanes qui fricotent avec l'athéisme, le théisme, le matérialisme et le naturalisme. Ce sont des systèmes de pensées cohérentes qui n'expliquent pas la vie. Par contre, ils sont efficaces dans la justification de la mécréance.

Allah ! Faites de cet ouvrage une guidée pour tout aspirant qui souhaite, dans la fidélité et la sincérité, atteindre Votre Proximité ! ***Amen ! Ya Allah Rabil alamine.***

« Je te ferai descendre à la fin des temps, afin que tu vois les merveilles dont la communauté de ce Prophète est capable et afin que tu l'aides à combattre le maudit, le faux Messie. Je te ferai descendre à l'heure de la prière, mais tu ne dirigeras pas leur prière ; c'est une communauté que J'ai touchée de Ma miséricorde, et son Prophète est l'ultime Prophète.»[1]

Ce livre prépare son lecteur à tirer meilleur profit des ouvrages qui chercheront à partager sur l'expérience intime du deuxième serviteur du Tout-Miséricordieux et de la Lumière, Abd Rahman anNur Thani. Adepte de la spiritualité islamique, héritier de l'imam Ghazali et disciple de Chaikh Ahmadou Bamba, il scrute le vrai dans l'héritage de toute communauté qui se réclame détenteur d'une parcelle de Vérité. Au terme de son parcours, il comprit que les noms de Dieu, ainsi que la formule du recueillement, Amen, restent les vestiges immuables et transcendants qui dévoilent encore le patrimoine commun des héritiers du legs du patriarche Abraham **- Que la Paix soit sur lui-.**

En effet, l'enseignement de l'Islam consacre, comme caractère d'une connaissance approfondie, deux degrés dont l'une s'adresse à ce qui est apparent et l'autre reste connexe à ce qui est caché. Au-delà de ces deux degrés, il existe une infinité de possibilités d'approfondissement de la connaissance par tout aspirant qui aura atteint la station de l'observation.

La communication sur le Réel passe par des langues alors que sa transmission se fait par des signes. La production de sens à partir des signes se fait par l'interprétation. Un programme est un ensemble de relation préétablie qui gouvernent les interactions entre les éléments d'un système. Les mathématiques et la logiques ont beaucoup contribuer à la mise en place de programmes qui explique le basculement de tout un pan de l'existence dans les virtualités interconnectées. C'est par les mathématiques que la gouvernance des programmes se définit pour l'éternité.

Nous verrons que la maitrise des nombres premiers constitue un élément essentiel pour celui qui souhaite affiner ses capacités d'interprétation. Les nombre premiers (13 ; 17, 19 ; 37 , 67 ;73 ; 113, 449, 1018 et 1181 déterminent les valeurs numériques de dix attributs divins.

Le signe ultime de la prière est pensé par peu de musulman. La prière comprend cinq cultes qui se font à des moments précis. Entre la fin

[1] Ibn 'Asakir a rapporte, d'apres 'Abdullah Ibn 'Awsaja - L'histoire de Jesus Isa) fils de Marie (Maryam), sur lui le salut. Dans l'Histoires des prophètes page 425

des prières de la nuit et le début des prières de la journée, il y a trois prières qui sont la Chaf'i, la Witr et le Fadjr. Tous les trois noms de ces prières découlent d'une même sourate.

Cette sourate complète la révélation des 258 premiers versets en dix sourates. Donc elle est suivie par la révélation de 104 sourates. Des premières heures de la nuit à l'aube, le Saint Coran appelle à méditer sur le nombre par une sourate dont les derniers versets parlent de l'agrément divin.

Les données 258 et 104 sont les valeurs numériques respectives des attributs divins ar-Rahim et as-Samad. Comment déterminer la valeur numérique d'un mot transcrit en arabe ?

La réponse à la question posée ci-dessus nous permettra de connaitre la détermination de la valeur numérique d'un nom divin.

Par la maitrise de la détermination de la valeur numérique des noms, y compris des noms de Dieu, on verra que les messages du Saint Coran embarquent des horizons d'attentes et des enseignements spirituels à même de permettre le décodage des signes de la fin des temps..

Le nom de l'homme de gloire, Issa Ibn Maryam, indique la date de son retour. En effet, s'opère par l'expérience intime qui résulte de la mention du nom du Seigneur.

La basmala voile des essences divines tout comme elle en dévoile. Tout le discours sur le secret de la Fatiha peut-être, en partie, pénétrer par la connaissance des valeurs numériques des attributs divins. Cette connaissance permet d'aller de la valeur numérique des attributs divins à des formules jaculatoires qui dévoilent des horizons d'attente.

Les noms de Dieu

La liste et l'ordre des noms divins, tirés du travail de Abu Hamid al-Ghazali dans son livret Les 99 beaux noms de Dieu, a fait l'objet d'une étude dans les livres révélés qui ont précédé le Saint Coran par David B. Burell et Nazih Daher, Islamique Texts Society, Cambridge Royaume-Uni, 1992). La parution de cette étude indique le début du cheminement spirituel de l'aspirant.

En effet, ce livre ne vise la pratique Dhikr. Il montre comment les attributs divins permettent d'accès aux sens voilés des signes qui peuplent l'existence. Il permet de comprendre que les codes en lettrines, certains noms (Muhammad, Ahmad, Issa Ibn Maryam, ...) ou les attributs divins indiquent des horizons temporels ou des horizons d'attente. Une analyse de la basmala et de la sourate la Fatiha qui l'englobe permet de voir que les signes de la fin des temps trouvent leur interprétation par la connaissance des valeurs numériques des attributs divins.

Les usages et les valeurs numériques

Les valeurs numériques permettent de comprendre le sens des usages des noms de Dieu dans la pratique du Dhikr à travers la signification des attributs divins ou d'une formule jaculatoire.

La donnée 161, la valeur numérique de an-Nafi', est l'usage de al-Khafidj. La donnée 173, l'usage de l'attribut al-Alim, est la valeur numérique de la formule la ilaha ila Jalil.

L'analyse de la valeur numérique d'un attribut divin permet d'y voir la somme de valeur numérique d'un ensemble d'attributs divins ou la valeur numérique d'une formule jaculatoire.

Cet ouvrage apporte un souffle nouveau dans la recherche parce qu'il enseigne par le développement spirituel islamique comment éveiller en soi l'intuition. L'intuition n'est pas la capacité à formuler de bonnes hypothèses dont les réponses apportent, tout chercheur, des découvertes. L'intuition qui résulte du fait que l'aspirant bénéficie de la guidée accorde une gouvernance de soi par la sagesse et des sciences dont l'assimilation produit un effet cyclique de découvertes qui mènent, l'aspirant, jusqu'à la Proximité Seigneuriale.

Champollion avait décodé les hiéroglyphes. Les résultats que nous partageons, ici, portent, entres autres, sur les mécanismes du temps long et des repères historiques enfouis dans les textes des Ecritures Saintes.

Cet ouvrage qui initie sur les moyens d'accès à la présence de Jésus parmi nous n'est pas un livre de fiction ou de prédiction. C'est le récit d'une expérience intime vécue par Abd Ramane anNur Thani, le treizième apôtre. Jésus lui lava le pied droit à 160 jours de la date de son retour qui consacre la victoire de l'Islam. Depuis le 17 octobre 2018, Jésus est parmi nous !

La preuve de l'existence des signes légués par les prophètes est l'usage de la formule Amen ! Pourquoi la formule Amen se prononce-t-elle dans les synagogues, les églises et les mosquées?

Seul l'homme de gloire, ou tout élu, par le biais du Saint-Esprit, peut aider à l'interprétation des signes qui permettent de donner une réponse à cette question. Quelles sont les communautés qui prononcent cette vérité intangible qui indique la source unique de la révélation de la Parole ?

La collecte et l'analyse des données sur le retour permettront de parvenir à une explication fondée sur la théorie de l'évanescence pour montrer que toute l'information sur l'apocalypse était là avec l'humanité depuis l'alliance entre Abraham - **Que la Paix soit sur lui-** et le Seigneur **- Qu'Il soit exalté-**. Les prophètes parlent à toutes les générations de l'existence. Chaque génération comprend leur message dans les limites de ce que Dieu – Qu'il soit exalté- leur a doté de sciences. Ainsi la sagesse de Pharaon sauva l'Egypte quand il se décida de se conformer à l'interprétation de son rêve par prophète Youssouf – Que le Salut soit sur Lui-.

C'est ce qui explique pourquoi le prophète Moussa – Que le Salut soit sur Lui- partit à la rencontre de Qadir – Qu'Allah l'agrée-. C'est justement pour l'acquisition de cette capacité d'interprétation. En ce sens, le Saint Coran dévoile le sens de la basmala par sa fonction à travers l'arrangement du Saint Coran et la lettre que le prophète Souleyman adresse à la Reine de Saba. La basmala est le verset de la première sourate qui est indispensable dans la célébration de la prière. Elle réapparait dans la sourate les fourmis. Au total, elle se manifeste dans 112 autres sourates sans participer dans le décompte de leurs versets comme dans la Fatiha.

Les éléments pour l'interprétation

Le Saint Coran indique les l'apprentissage dès le début de la révélation des deux premiers versets sur les 19 versets qui formeront la première sourate. En ce sens, la Seigneur dit : « 1. Lis, au nom de ton Seigneur qui a créé, 2. qui a créé l'homme d'une adhérence. »

Le concept par laquelle la matière de la création (d'une adhérence) est désignée renvoie au moyen qui mène à la connaissance. Une compréhension de second degré du premier verset amène à le traduire par : Apprends par le nom de ton Seigneur.

Or apprendre par le nom de son Seigneur se fait par les beaux noms de Dieu – Qu'il soit exalté-. La matière de la création (Min Alaquin) a comme valeur numérique 290, la valeur numérique de l'attribut divin Faatir. Le 290e jour de l'an est le 17 octobre. C'est en ce jour que se déclenchera la date du compte à rebours pour la fin des temps. C'est ce que la littérature appelle la seconde venue de Jésus – Que le Salut soit sur Lui- qui ne fut jamais absent parmi nous.

Il est beaucoup plus facile de notre temps d'expliquer ce qui se passe dans la virtualité par cela peut se faire par l'analogie avec les virtualités du cyberespace. En effet, les virtualités offertes par Internet l'illustrent à merveille. Nous n'avons pas les mêmes compétences pour optimiser nos usages des opportunités offertes par les progiciels. Dans la même veine, les degrés de développement spirituel amènent à s'exposer différemment à des réalités ineffables. Tel fut le cas de l'aspirant Abd Rahman anNur Thani qui suivit les évènements de la seconde venue du messager Issa Ibn Maryam – Que le Salut soit sur Lui –

Pour comprendre l'interprétation de la doctrine de l'Assomption[2] de la Vierge, il est possible de se servir d'illustration sur son caractère dynamique. Ainsi se révèle la constitution dogmatique Lumen Gentium du concile Vatican II de 1964 plus élaboré que celle apostolique Munificentissimus Deus de Pie XII sur l'Assomption en tant que dogme de foi.

[2]https://fr.wikipedia.org/wiki/Assomption : Paul VI est 262e Pape de l'Eglise romaine. « Giovanni Battista Montini, né le 26 septembre 1897 à Concesio, près de Brescia, ville de Lombardie dans l'archidiocèse de Milan au nord Italie, et mort le 6 août 1978 à Castel Gandolfo, est un prélat catholique italien, élu pape le 21 juin 1963 sous le nom de Paul VI (en latin Paulus VI, en italien Paolo VI). En qualité d'évêque de Rome, il est le 262e pape de l'Église catholique, et son pontificat s'étend de 1963 à sa mort en 1978. Il est béatifié le 19 octobre 2014, puis canonisé le 14 octobre 2018, et fêté le 29 mai. » Source Wikipedia.

La constitution dogmatique Lumen Gentium du concile Vatican II

Elle énonce, en 1964, ce qui suit :

« Enfin, la Vierge immaculée, préservée de toute tache de la faute originelle, au terme de sa vie terrestre, fut élevée à la gloire du ciel en son âme et en son corps et elle fut exaltée par le Seigneur comme Reine de l'univers afin de ressembler plus parfaitement à son Fils, Seigneur des seigneurs et vainqueur du péché et de la mort. »

La constitution apostolique Munificentissimus Deus de Pie XI

« Par l'autorité de Notre-Seigneur Jésus-Christ, des bienheureux apôtres Pierre et Paul, et par Notre propre autorité, Nous prononçons, déclarons, et définissons comme un dogme divinement révélé que l'Immaculée Mère de Dieu, la Vierge Marie, après avoir achevé le cours de sa vie terrestre, fut élevée corps et âme à la gloire céleste »

Entre les deux dogmes de foi, la spiritualité prend le pas sur la volonté de puissance parce que la formule « Par l'autorité de Notre-Seigneur Jésus-Christ, des bienheureux apôtres Pierre et Paul, et par Notre propre autorité » disparait dans seconde formulation. La volonté humaine, par la formule « Nous prononçons, déclarons, et définissons » s'efface également à nouveau.

La déclaration du dogme de foi (Lumen Gentium sur l'Église, § 5916) met l'accent sur une consécration : Marie « fut élevée à la gloire du ciel en son âme et en son corps et elle fut exaltée par le Seigneur comme Reine de l'univers afin de ressembler plus parfaitement à son Fils, Seigneur des seigneurs et vainqueur du péché et de la mort.»

Les problématiques que soulève cet énoncé peuvent se vérifier dans la Parole et l'expérience intime des saints tandis que l'abandon des termes du premier dogme de foi suffit à admettre toute interprétation qui n'est pas celui des élus-eux même demeure une explication provisoire d'une réalité qui renferme une Vérité dont tout le mystère attend son assimilation par un cœur sain et saint.

Etude sur les attributs divins

Les attributs divins se manifestent dans les Ecritures saintes. Ils sont réputés être au nombre de cent moins un pour les musulmans. Certaine sourate du Saint Coran ont comme titre un attribut divin :

- Sourate at-Tawbah (Chapitre 9)
- Sourate an-Nûr (Chapitre 24)
- Sourate al-Fâtir (Chapitre 35)
- Sourate al-Fath (Chapitre 48)
- Sourate ar-Rahmân (Chapitre 55)
- Sourate al-A'lâ (Chapitre 87)

Dans le verset 1 de la Sourate arRahman, on ne trouve qu'un attribut divin. Le verset trois de la première sourate ne renferme que des attributs divins tandis que le premier verset de la sourate fatiha ne comporte que des attributs divins et le code en lettrines.

Nombres premiers et attributs divin

Les attributs divins qui sont relatifs à l'unicité ont comme valeur numérique 13, 19 et 37. Ces trois nombres impairs sont respectivement le 6e, 8e et 12e nombre premier. Leur somme donne 26. Le 26e nombre premier est 101. La différence du produit de 101 et 62 avec 26 détermine le nombre de versets du Saint Coran : 6236 versets.

La somme des termes 13, 19 et 37 donne le nombre 69 qui est, pour les sourates mecquoises, l'effectif des nombres premiers qui participent dans la composition des trinômes qui déterminent chaque sourate pour indiquer le nombre de ses versets et son ordre dans l'arrangement du Saint Coran ou dans la révélation des sourates. Le tiers de 69 est 23 qui représente l'effectif des nombres premiers dans les trinômes qui déterminent les sourates médinoises.

Deux nombres premiers déterminent Ahad et Ahmad. Leur somme donne 66. Il s'agit du 6e et du 16e nombre premier. Le carré de ces deux nombre donne respectivement 36 et 256. La trente sixième sourate est la 41e sourate dans la révélation. Le lien entre 36 et 41, des nombres qui déterminent la sourate Ya-Sin, trouve leur explication par l'attribut divin Ahad dont la valeur numérique est le 13e nombre premier.

Par rapport à deux évènements

L'analyse d'un agenda permet de comprendre que les dates des évènements qui se reproduisent dans une vie entretiennent entre eux des liens logiques. L'illustration parfaite de ce lien de cause à effet s'illustre à merveille par le jour de la naissance qui dévoile le jour du baptême.

Evènements	Par rapport à un autre évènement	Durée en jour	Valeur numérique de l'attribut divin
Le retour de Jésus	6 février 2017	619	Verset 3 Sourate 1
La vision de la grotte	A la première vision du guide	489	Al-Fatah
La vision sur le mirador	La vision de la grotte	630	Al Mutaquimou

Le tableau ci-dessus que montre qu'une durée entre deux évènements peut dévoiler la manifestation d'une essence divine.

Les gens de la caverne : Leur défi se rapporte au calcul du temps

La mécanique céleste comporte des flux qui captent les essences divines. Ainsi peut-on constater que dans une année abondante :

- Le 56ᵉ jour de l'an est le début des 299 derniers jours de l'an,
- Ou le 66ᵉ jour de l'an est le début des 290 derniers jours de l'an.

Les données 299 et 66 sont respectivement les valeurs numériques des attributs divins ar Rahman et Allah **- Qu'Il soit exalté-**.

La durée de 12 lunaisons d'une année est de 354 jours, un déterminant qui est la somme de 258 et 96. La valeur numérique de l'attribut ar Rahim est 258. Le nombre 96 est l'ordre coranique de la première sourate révélée.

La sourate l'évènement, ayant comme ordre chronologique 56 comporte 96 versets. 96 est un multiple de 12, un usage de l'attribut ar Rahim. L'usage du qualificatif suprême, est 27.

Par les données invisibles

Le nombre 114 est la somme de deux nombres premiers : 43 et 71. Ce nombre détermine l'effectif des sourates et la présence de la basmala qui apparait 114 fois dans le Saint Coran. La basmala est le 148ᵉ verset révélé. 148 est la somme des nombres sommatifs qui dérivent de 71 et 43.

Il s'y ajoute que la basmala est le 43ᵉ verset révélé après la révélation des 105 premiers versets. La donnée 105 est la somme de 48 et 57 qui sont respectivement les valeurs numériques des attributs Maadjid (48) et Madji'd (57).

Par le calcul

Dans la révélation, l'apparition des mots abeille et moustique borne la révélation de 897 versets. La division de 897 par 3 donne la valeur numérique de arRahman, 299.

Le mot abeille se trouve dans le 3743e verset alors que le mot moustique est dans le 4639e verset c'est à dire le 26e verset de la première sourate médinoise.

Le calcul dévoile des données de second degré. Donc il est révélateur de données invisibles parce qu'étant inaccessible par l'observation et l'expérience intime.

Le calcul dévoile également les conséquences des dynamiques par la mise en relief de régression ou de progression. Au-delà des opérations simples, les fonctions permettent d'accéder à la profondeur de la connaissance du Réel : une immersion dans la Vérité.

Les nombres sommatifs permettent d'établir le lien entre l'attribut at-Tawab et al-Fatah dont les valeurs numériques respectives sont 409 et 489. Le nombre sommatif qui dérive du 80e nombre premier, 409, est 489. Le titre de la 9e sourate est at-Tawab (409). Le nombre de ses versets est 129 et elle occupe la 113e place dans la révélation. Les nombres 113 et 129 sont les valeurs numériques des attributs al-baqi et al-latif.

Les données numériques du Saint coran dévoilent aussi des enseignements qui relèvent de l'observation et/ou du calcul. En ce sens, à partir de la 57e sourate de l'arrangement du Saint Coran s'alignent 166 versets regroupés dans onze sourates dont la dernière est la 66e sourate. Le tableau dessous produit du sens pour la formule la ilaha ila lah dans un sens singulier.

OR	OR	NV	Cumul des versets
57	94	29	29
58	105	22	51
59	101	24	75
60	91	13	88
61	109	14	102
62	110	11	113
63	104	11	124
64	108	18	142
65	99	12	154
66	107	12	166

Son étude permet de générer le tableau ci-dessous dans lequel les données numérique sont rattachées à des attributs divins.

OR	Attribut / Usage	OR	Attribut / Usage	NV	Attribut / Usage	Cumul des versets	Attribut/ Usage
57	Al-Madjid	94	al-Aziz	29	Houwa Hayy	29	Houwa Hayy
58		105	Al-Muyyi	22	Al-Bassit	51	
59	Al-Khalid	101		24	Houwa Ahad	75	
60		91	al-Malik	13	Ahad	88	Al-Halim
61		109		14	Al-Wahab	102	Al-Badi'ou
62	Al-Hamid	110	al-A'ala	11	Houwa	113	Al-Baqi
63	Al-Mutakabir	104	as-Samad	11	Houwa	124	Al-Mu'id
64	Al-Kabir	108	al-Haqq	18	Al-Hayy	142	
65	Ad-dhahir	99	Al-Adjim	12	Ar-Rahim	154	
66	Allah	107	Al-Quddus	12	Ar-Rahim	166	La il aila lah

Le perfectionnement spirituel

Le parcours de perfectionnement spirituel est un cheminement en sept étapes pour accéder à la délivrance de l'erreur par la manifestation de la vérité. L'âme humaine se corrompt par l'inclinaison de l'égo vers les vices. L'homme se complait par l'ignorance qui avive l'intensité de ses désirs qui le lient, par l'accoutumance, au mal même si la connaissance finit par lui révéler le côté néfaste et fâcheux de son train de vie par ses actes et paroles.

Ce stade est celui de l'homme enclin à mentir à soi-même et à mentir à ses proches. En effet, la pratique des vices s'opère en cachette et ensuite, la loi du silence est le seul moyen de se confiner durablement dans la transgression de tout interdit. C'est cela qu'on appelle l'incitation au mal. Pour dépasser cette phase primitive de l'égo, il faut se donner les moyens d'accéder à l'esprit critique vis-à-vis de soi-même : c'est ce qu'on appelle l'autocritique. A ce niveau, l'aspirant a atteint la seconde étape de l'immersion vers son Créateur, Allahou, Ta'ala !

La psychologie enseigne les trois états de la conscience à travers le ça, le moi et le surmoi. Il nous permet de catégoriser les chauffeurs de notre âme. Le chauffeur qui nous dirige vers l'échec est le çà qui ne se satisfait que par l'assouvissement des élans passionnels et des plaisirs. Le moi est, la voie discursive, qui s'éveille en nous. Il est neutre selon que le chauffeur soit le çà ou le surmoi. Il est capable de produire, de manière cohérente, un système de justification qui enracine l'homme dans le mal ou le bien. Le surmoi est la voie de la sagesse. C'est elle qui connait les voies qui prédestinent à la bienfaisance.

La sagesse peut être atteinte en dehors de la voie religieuse mais celle qui permet d'accéder à la connaissance des Actes qui gouverne l'existence exige un perfectionnement spirituel selon les règles de l'Islam. Il n'est enseigné que par le Saint Coran. L'imam Cheikh Abd Qadir Dieylani enseigna cette voie et elle fut améliorer par bien d'autres saints. Mahatma Ghandi et Nelson Mandela ont atteint des niveaux de perfectionnement indéniable en dehors de la voie islamique. C'est aussi le cas de Thomas Sankara qui est un véridique. Seckou Touré est aussi un modèle dans le perfectionnement spirituel d'une personne en prise avec les affaires terrestres.

La troisième étape du perfectionnement spirituel est la conscience de son immoralité. C'est de là que l'homme entre en conflit avec lui. Il s'octroie un portrait spirituel idéalisé pour lequel il est prêt à s'essayer dans la pratique excellente des vertus afin de plaire à Son Créateur. Il commence par apprendre au nom de son Seigneur. Il s'édifie en lui-même un sanctuaire par la critique de ses valeurs à travers les structures sociales et les systèmes de transmission de la connaissance.

Le silence et la solitude deviennent pour lui des moyens afin de mieux se consacrer à l'introspection pour la découverte de son projet professionnel et communautaire en conformité à ses croyances religieuses désormais orientées par la boussole de l'Unicité.

L'autocritique atteint à ce niveau son sommet.

Tous les connaissances à conserver deviennent celles qui ne subsistent que parce qu'elles sont conformes à la Parole du Seigneur et à l'exemple de la vie de la meilleure des créatures Muhammad **- Que la Paix et le Salut soient sur lui-**. Son serviteur Cheikh Ahmadou Bamba enseigne par Massalik Djinan toutes les provisions nécessaires au reste du parcours. Les pieux bénéficient de la promesse du succès.

N'oublie pas que le chemin qui mène à Allah est plein d'embuches c'est pourquoi il te faut un guide pour la réussite du parcours. Pour qui cherche un guide, Cheikh Ahmadou Bamba est digne de confiance.

Au troisième niveau, l'aspirant se convainc que sa monture est la vérité, son manteau la piété et c'est à partir de ce moment que l'énergie de sa foi l'anime par la pratique excellente des solidarités adossées aux respects de la Loi divine. Cette disposition est une prise de conscience de son appartenance au genre humain. Elle produit une tension toujours avivée vers la quête du savoir qui délivre de l'erreur.

L'inspiration adresse les actes et les paroles à la Paix. La marche vers la vérité débute avec la connaissance du sens de la vie : la recherche de la paix dans les deux mondes. Il ne s'agit pas seulement de s'offrir comme luxe la paix intérieure mais de vivre avec son environnement dans la communion parfaite : vivre en paix avec le monde. Un tel niveau demande l'atteinte de la pleine maturité.

Il exige le charisme nécessaire à la dignité de revêtir le manteau de la piété. On ne revêt que si son prêt nous ait accordé par la meilleure de toute la créature, Ahmad (PSL). C'est ce qui correspond à l'expérience intime de l'Appel. A ce niveau, le soleil ne produirait plus autant d'énergie et de lumière que l'aspirant qui accède à cette station, il connaitra le sommet de la montagne du Créateur puis accèdera à l'évanescence. Cette station accorde de la Préservation.

Les pas deviennent fermes dans l'enceinte scellée où l'espace ténu s'élargit et devient plus profond que la face visible de l'Univers. Par l'œil intérieur, la vision se dote d'un minuscule télescope, plus épais que le septum mais très perspicace parce qu'il verra dans l'invisible par les lumières invisibles.

Le dénuement et l'adversité des égarés peuvent atteindre à partir de ce niveau, pour un aspirant, des proportions jamais soupçonnées. La vérité est que ces épreuves ne font que consolider la compétence à maintenir l'état de grâce pour soi et son environnement : c'est cela la lieutenance sur terre. Elle ne peut être assurée que par la dignité qui se rattache à « Ô toi, âme apaisée ».

Elle s'annonce et se confirme par la manifestation de la lumière qui éloigne des ténèbres de l'ignorance, la voie présidentielle vers l'enfer. Le travail sur le cœur devient une purification de l'âme après le quatrième stade atteint. C'est là où, Allah ta'ala, dit, au 5e niveau de perfection de l'âme, à son serviteur élu : « Retourne vers ton Seigneur, satisfaite ».

De la satisfaction, l'agrément est acquise à l'étape 6 comme l'atteste le verset 28 de la 89e sourate : « Retourne vers ton Seigneur, satisfaite et agrée ». Il s'en suit la meilleure nouvelle : « Entre donc parmi mes serviteurs et entre dans mon paradis.»

C'est la récompense ultime qui consacre le niveau de perfectionnement spirituel le plus élevé : devenir un instrument de la réalisation de la volonté divine tout en étant aussi l'instrument de la colère du Maudit, l'ennemi éternel du descendant d'Adam.

Ceux-ci, ces privilégiés, sont les aspirants qui s'activent dans la communauté unique d'Allah **- Qu'Il soit exalté-**, « les gens du droit chemin et qui sont les gens très bien guidés (Sourate 20 Verset 135).» Cette communauté aura l'insigne honneur d'accueillir l'homme de gloire, Issa Ibn Maryam bintou Imran.

L'éducation durable

En vérité, il y a un cap sur le jeudi 4 janvier 2024 date à laquelle se boucleront un sixième cycle de 201 jours à compter du 16 septembre 2020 (28 muharram 1442). Au départ, c'était clair que c'est par la lumière de Ya-Sin que la Vérité sera découverte. Les données 311 et 371 renvoient à d'autres nombres qui sont 1000 et 56, les valeurs numériques respectives de Mughni et Salam.

La somme des données 311 et 371 est équivalente à la somme de 290 et 392, les valeurs numériques respectives de Maryam et de Issa – Que la Paix soi sur eux !-.

La connaissance de ces données participe à l'interprétation du mur 996. La somme des quatre éléments renvoie à la valeur numérique de la basmala dont le mystère de la première manche lève un coin sur l'Univers : par les données 5, 2, 30 et 200. L'étoile lointaine indique le premier jour du Ramadan.

Aujourd'hui débute les deux cents derniers jours vers la station 19196 : ce jour est le 18996e jour de la vie de l'aspirant. Au petit matin, on m'annonce le décès de mon mentor : imam n'est plus ! Il y a 13 jours depuis que nous avions parlé pour la dernière fois. C'est aujourd'hui que j'ai compris que le code 2255 présageait l'évènement qui eut lieu le 12 octobre 2018.

L'interprétation des codes est un processus d'approfondissement qui s'accomplit à l'infini. Deux véhicules, garés face à face, à bord d'une rue sont immatriculé 472 et 337, avec 90 et la capsule 3, on se retrouve avec 902, la somme de 551 et 351.

Ces données se rapport à la vision du 22 muharram dernier. Il y a un lien entre les visions du 25 Zul hijja et celle du 22 muharram. Aujourd'hui est le 131e jour de la visite organisé par l'élue et cette date correspond au 18920e jour^ de l'existence de Mounirou Abd Wadūd.

Le parcours restreint est à son 1445e jour. Il s'agit de la 703e semaine après les 2000 premières semaines. Il y a treize jours, un camion qui passait comportait deux numéros distincts : 312 et 391. Auparavant, sur un autre camion plateau, il est lisible deux fois Allah Akbar, une écriture répété de : Allah avec un bout d'écriture inachevé qui révèle 202.

Sans la compréhension des réductions, il n'est pas possible d'expliquer un parcours spirituel. Tout se passe dans la vie alors que l'expérience de la vie c'est jouir d'un patrimoine qui réduit comme une peau de chagrin. L'adage le résume en paraphrasant la Parole : « Qui vivra mourra !». Tel est le destin des vivants des deux mondes. Or l''aspirant est un être en attente d'interprétation.

Le 17 janvier 2021 ou le 4 Jumad 2, 1442, est le 403e jour depuis le 15 rabi 1440. C'est le 151e jour depuis le 25 ramadan 1441. La somme de 245, 92 et 66 donne 403 c'est-à-dire le produit 31 et 13. On découvre que 245 est la somme de 151 et 94. Hier, le 5 jumad, est le 1214e depuis le 3 Muharram, 1439[3].

Le 17 Zul agda 1439, dans une vision, le cœur capte, comme un radar, la position d'une source lumineuse dans les cieux, tout en scannant une femme en tenue de militaire en compagnie de l'aspirant Abd Rahman anNur Thani. Ils se dirigent vers un arbre fruitier qui ressemble à un pamplemoussier. La compagne escalade, en un bond, l'arbre qui lance ses fruits verts avec des cernes jaunâtres.

L'aspirant en cueillit un fruit et la femme, du houppier, lui balance un second fruit. Les deux fruits, de couleurs vertes comportait des tâches jaunes. Les branches de l'arbre sont à portée de main. C'est le 18e jour à compter de la dernière vision de l'esprit fidèle. Cette rencontre eut lieu au 66e jour à compter de la rencontre de la brioche dorée. La donnée de la basmala ***nouroul hamd***[4] est transmise entre cet évènement et la rencontre mariale.

Paix et Amour demeure les enseignements clés de la religion. La mécréance vis-à-vis d'un Bienfaiteur se comprend comme une déviance qui pousse l'être à se réinventer un destin qui ne fait pas de lui celui qui cherche à devenir le meilleur. Ce n'est pas dans l'amour introverti de soi ou les élans d'un cœur attiré par tout autre chose sauf l'Amour que se révèle, à soi ; la nature originelle. L'Amour auquel tendent les pieux ne s'exprime pas par la poésie. Il invite à perforer les faîtes du connu afin que chaque pas de plus propulse dans les aires sublimes de l'inconnu. Chaque petit pas de l'homme dans de nouvelles connaissances devient un grand pas pour l'humanité parce que chaque nouveau pas élargit l'angle sous lequel le monde se fait voir.

« *Que faire de sa vie ?* »

Il arrive que l'on se pose cette question dès son tendre enfance. Un jour, l'apprentissage de l'histoire des prophètes me révéla comment la vie du prince devenu berger, comme Ousmane Sonko ou Juan Branco,

---

[3] Ce paragraphe monte que l'écoulement du temps produit des données qui se rapporte à la prophétie : Allah (66), Jibril (245), A'alim (151), Aziz (94), Shahid (1214)

[4] La basmala nouroul hamd montre que le temple de Salomon est un code. Sa reconstruction est le travail qu'il fut, par le message introduit par la basmala, à la reine de Saba. Ce modèle parfait est le Saint Coran, les lettres écrites par le prophète Muhammad – Que la Paix et le Salut soit sur lui- et ses héritiers.

bascula le destin de son peuple vers la liberté. Sa vie servira à libérer un peuple et à lui apporter un ciment qui lui permet de gouverner l'humanité. Du palais aux prairies où Musa **– Que la Paix soit sur lui-** faisait paitre le cheptel de son gendre, le prophète Souaib **– Que la Paix soit sur lui-**, le contraste saisit. Loin des pyramides et des oraisons funestes dédiées à un mortel, de surcroît, il finit par marcher vers le feu, à la recherche de la chaleur, et l'Eternel se manifesta par la Parole. Et voilà qu'il vit la Lumière qui lui parle. Allah **- Qu'Il soit exalté-** l'a choisi pour délivrer son peuple. Il le bonifia de son frère Aron comme assistant et prophète. Comme si tout cela n'a pas suffi, Allah **- Qu'Il soit exalté-** l'éprouva pour le combler de miracles.

Le récit du parcours spirituel de Moussa est partagé par la dix-huitième sourate. Elevé par un prophète dont il jouit la confiance. Il est un interlocuteur direct du Seigneur. Tout cela n'a pas suffi pour sa réalisation. Il fera le voyage, avec son disciple, à la recherche de Qadir, pour son initiation, à la capacité d'interprétation des signes. Quelles épreuves pour Celui qui parle, sans intermédiaire, avec le Créateur ?

Et Moussa finit par connaitre, sa mission et son renforcement par son frère, et aussi, il découvre les moyens par lesquels s'y prendre pour connaitre le succès. Il réussit à délivrer son peuple des servitudes qui les accablaient. En toute personne appartenant à un peuple dominé sommeille le parcours de Moussa. Les échecs répétés des projets panafricains s'expliquent par le fait que leurs porteurs ignorent que seul le secours divin délivre un peuple.

Ainsi finit par connaitre le monothéisme son premier Livre dont la trame demeure les dix commandements ainsi que le récit de la prophétie. Plus tard David vainquit Goliath. Il était un prophète-roi qui commande les gens et délivre les faibles de l'asservissement. Dans la sourate 34, Saba, Allah **- Qu'Il soit exalté-** lui témoigne qu'il est un adorateur exemplaire. Il fit un forgeron qui amollit le fer et en fait des cottes et des mailles.

On rapporte dans les deux Recueils authentiques que l'envoyé de Dieu - Que le Salut et la paix soit sur-, a dit : « La meilleure prière pour Dieu est celle de David et le Meilleur jeûne pour Dieu est celui de David : il dormait la première moitié de la nuit, veillait en prières pendant un tiers avant de dormir la sixième qui reste. En outre, il jeunait un jour et mangeait un jour et il ne fuyait pas pendant le combat.» Sa lecture des Psaumes attirait les oiseaux. Toutes ces réalités peuvent se manifester à un aspirant pendant son parcours. Les hadiths rapportent que sa voix était belle et envoutante.

Après Daouda, Issa ibn Maryam hérita du Livre. La révélation de l'évangile et du Saint Coran concerne 26 ans sur une période de 652 ans.

Le temps de l'attente avant la naissance de Muhammad **- Que la Paix et le Salut soient sur lui-**est de 569 ans. Le nombre 148 est la somme de 33, 63 et 29.

La basmala occupe la 148e place dans la révélation des 6236 versets qui composent le Saint Coran. Le nombre 148 détermine les 33 ans de la mission du Christ, les 63 ans de la mission de Muhammad**- Que la Paix et le Salut soient sur lui-** et les 29 ans de la gouvernance des quatre Califes héritiers bien guidés. Sur les 681 ans de la guidée des héritiers, on y trouve alors une durée spéciale de 148 ans.

Cette durée peut bien s'étendre à 150 voire plus si on considère la mort de Saint Jean vers la fin du premier siècle à Éphèse (Turquie). Il serait l'auteur du quatrième Évangile et de l'Apocalypse. Le flambeau de la Lumière, dans la main des pieux et croyants a éclairé à jamais sur 192 ans les horizons ténébreuses de l'Univers. Dans le parcours spirituel, le code 211 pourrait bien indiquer la somme de 19 et 192, le 47e nombre premier. Il est un terminus parce que c'est un point de jonction des données premières. Le nombre sommatif qui en découle correspond à la valeur numérique de l'attribut divin qui ferme la basmala.

Issa Ibn Maryam peut être appréhendé comme celui ui guide vers la Paix intérieure si on se fit de la clairvoyance de Jean Baptiste qui l'apostropha en lui rappelant un passage que le Saint Coran rapporte en ces termes : « Et que la paix soit sur moi le jour où je naquis, le jour où je mourrai, et le jour où je serai ressuscité vivant."

Le message de l'Islam promet son retour à la fin des temps. Son retour se fixe, d'après ceux qui connaissent, au terme du 21e siècle à compter de la naissance de l'élue, sa mère.

Sur cette échelle, le retour à la date du 17 octobre 2037, par rapport à la naissance Maryam, coïncide, selon le même référentiel, avec le 7 safar de l'an 2100. C'est curieux de constater que le 17 octobre d'une année simple est le 290e jour de l'an alors que le 7 safar, après un mois de muharram de 30 jours, est aussi le 37e jour de l'an.

La donnée 447 s'interprète alors le manteau vert de l'Islam. Il permet de comprendre le code 447 comme la somme des valeurs numériques des formules jaculatoires **la ilaha ila Wadud (120)** et **Baqi la ilha ila Jami (327)**. Bref, la donnée 447 est un usage de l'attribut al-faatir.

La transmission de la donnée 327 s'accompagne des deux autres données : 614 et 200. La donnée 614 est un horizon temporel. Il détermine, en nombre de jour, la durée qui s'est écoulée du 6 février 2017 à la date du 12 octobre 2018.

Peu de personne se sont posé cette question qui consiste à trouver le sens de leur vie alors qu'ils sont encore en existence ! Et pourtant, il existe une infime minorité dont l'imaginaire s'est accaparé de cette question avant même qu'il n'acquiert les moyens de la pensée discursive. C'est dans les replis ténus de l'existence que se retranchent les connaissances qui se réservent aux dernières générations. En effet, la connaissance s'agrandit par le partage. Or les moyens de partager les savoirs tels qu'ils se manifestent avec les réseaux sociaux ne pouvaient être imaginé par aucune autre génération sauf celles qui l'éprouvent. Tout point du globe devint par les réseaux interconnectés des lieux ou tous les faits de l'Univers peuvent potentiellement se manifester.

L'univers et l'homme ont interagi en produisant des connaissances extraordinaires. Mais de toutes les connaissances, la sagesse est celle qui lie les générations ayant vécues dans des époques différentes. De toutes les communautés, celles qui se fondent sur la foi restent les communautés les plus représentatives par leurs adeptes qui peuvent se localiser sur toute la surface de la terre. C'est curieux mais seule la religion revêt un aspect universel. Elle transcende les clivages qui se fondent sur les dynamiques territoriales, sur les races, les langues, les âges, les sexes, ... Après les religions, tout ce que l'homme invente se fonde sur l'exclusion. L'exclusion est le marqueur de l'origine humaine de toute invention. Une vie, c'est d'abord une opportunité pour honorer un engagement : adorer son Créateur !

Ça peut paraitre curieux ! Mais c'est bien cela le premier sens qu'il faut donner à la vie. La variante à cela : c'est adorer une autre créature y comprise soi-même. En effet, la pure de toutes les créatures et celui qui se vénère lui-même. La vie d'Abraham **- Que la Paix soit sur lui-** se situe dans une époque où les deux catégories d'être dominaient à Ur, Babylone, Sodome et Gomorrhe. Le processus enclenché par le fidèle et ami du Créateur est le troisième virage de l'évolution du monothéisme si l'on considère la chute et le déluge comme des étapes fondamentales de la marche des êtres spirituels vers leur Seigneur. Cette troisième étape marque un tournant décisif.

Adam **- Que la Paix soit sur lui-** se trompa alors que le Seigneur lui apprit à produire du sens sur tout ce qui existe. Noé **- Que la Paix soit sur lui-** fut vaincu par la surdité de ses contemporains. Ce sont là deux victoires et pas les moindres du Maudit, l'ennemi déclaré du genre humain. Et Abraham **- Que la Paix soit sur lui-** triompha sur lui parce qu'il sut faire, sur son cœur, le travail nécessaire, pour l'acquisition de la Sainteté et de la Paix. Le Saint Coran lui témoigne un cœur sain. Le peuple de Abraham **- Que la Paix soit sur lui-** était animiste celui de Lut des transgresseurs.

Abraham - **Que la Paix soit sur lui-** indique la direction. Par l'oubli, les idoles meublèrent la maison antique. A la naissance Muhammad - **Que la Paix et le Salut soient sur lui-**, la maison édifiée par un père dévoué et un fils obéissant, était devenu un temple de l'idolâtrie. Abraham - **Que la Paix soit sur lui-** est un citoyen du monde. Il naquit dans l'actuel Irak et ses pérégrinations le mènent en Egypte, Palestine et en Arabie. L'histoire retient qu'il rentre à Hébron de l'Egypte, avec Hagar, comme servante de Sarata, son épouse exemplaire et mère d'Isaac- **Que la Paix soit sur lui-**. De Hagar, il aura comme rejeton Ismaël- **Que la Paix soit sur lui-**. Ismaël - **Que la Paix soit sur lui-** et sa mère s'installeront à la Mecque.

Et ses descendants par Isaac- **Que la Paix soit sur lui-**, Jacob- **Que la Paix soit sur lui-** et ses enfants s'installent en Egypte. Sur des siècles. Sa descendance y vit jusqu'à l'apostolat de Moussa- **Que la Paix soit sur lui-**, le frère de Maryam. Cette fille qui indiqua à la femme de Pharaon, Assia, la sainte, qu'elle connait une femme que l'enfant Moussa - **Que la Paix soit sur lui-** pourrait accepter les seins. Plus tard de la descendance du prophète Abraham - **Que la Paix soit sur lui-**, le fils de Daouda- **Que la Paix soit sur lui-**, le prophète Souleyman - **Que la Paix soit sur lui-** épouse la reine de Saba à la suite d'une communication introduite par la basmala. La révélation décrit le contexte de leurs échanges.

Avant Issa ibn Maryam - **Que la Paix soit sur lui-**, la descendance du prophète Aron - **Que la Paix soit sur lui-** assure les offices religieux. Auparavant, Moise - **Que la Paix soit sur lui-** intercède, au profit de son frère afin qu'il soit son assistant. Le Seigneur exauce son vœu. Puis après la délivrance de son peuple, alors qu'il devait aller à la rencontre de son Seigneur, il confia à son frère le peuple. De ceux qui croient au monothéisme de son époque résulte une communauté qui attend la première venue du Messie. Il avait aussi annoncé la venue de l'imam des messagers

Isaac Newton trouve que le Messie n'est pas reconnu lors de sa première venue. Il insiste, dans ses écrits ; pour la bonne interprétation de la prophétie de Daniel- **Que la Paix soit sur lui-** puisse permettre de reconnaitre le Messie lors de sa seconde venue! Le Saint Coran le présente, par sa déclaration, comme un confirmateur de l'héritage de Moise - **Que la Paix soit sur lui-**, à la suite qui, il informe sur l'arrivée prochaine ce de celui qu'il désigne par le nom de Ahmad - **Que la Paix soit sur lui-**. Plus de deux millénaires après, il est encore parmi nous. Sa présence ne semble se faire reconnaitre malgré la pandémie de covid 19 qui n'aide pas à comprendre que la fin des temps est déclenchée. Le clairon a soufflé par le génie d'un être infinitésimal qui distille la morbidité et la létalité.

Première partie : la basmala, le sommet de la montagne de l'Olivier

Les noms de Dieu apparents de la basmala

La connaissance s'acquiert, pour l'essentiel, par l'observation ou les opérations logiques. Le processus d'accumulation de connaissance, par les langues, limite l'immersion dans le réel. Or c'est la voie qui est privilégié dans l'assimilation du message divin. En effet, il est important de considérer que la Parole, elle-même, se définit comme une science.

En observant la basmala, on voit que sa seconde manche constitue le troisième verset de la Fatiha tout comme, le premier attribut divin de sa seconde manche est le premier verset de la sourate 55 Le Tout-Miséricordieux. En effet, il est possible d'aborder l'étude des attributs divins avec deux perspectives : la manifestation des essences divines et/ou la détermination d'horizon temporel. Selon les capacités de l'analyste, d'autres perspectives sont possibles.

Les attributs divins comportent, chacun, une valeur numérique et un usage. La valeur numérique de certain attribut est déterminée, avec plus ou moins une unité, selon que leur écriture comporte la lettre alif ou non. C'est le cas de Malik, Alim, Akhir,...

La connaissance des valeurs numériques éclaire aussi sur les usages. Ainsi devient-il possible de voir dans l'usage la valeur numérique d'un attribut divin ou d'une formule jaculatoire. Cette démarche peut s'éclairer par une connaissance des trinômes qui déterminent les sourates,

L'usage de l'attribut ar Rahman est la valeur numérique de l'attribut al Malik. La valeur numérique de la formule **la ilaha ila Jalil** est l'usage de l'attribut A'alim. La donnée 38, l'usage de Malik, est un élément du trinôme de la Sourate Muhammad. Il détermine le nombre des versets de cette sourate.

Le temps qui s'écoule est l'une des manifestations la plus plausible de la Seigneurie. Les valeurs numériques des attributs Allah **- Qu'Il soit exalté-** et le Tout-Miséricordieux sont respectivement 66 et 299. Leur somme détermine le nombre de rotations complètes de la terre autour-d 'elle-même pour l'accomplissement de sa révolution autour du Soleil.

La soustraction de ces deux attributs de la liste des 99 attributs divins présentée plus loin donne un reste de 97 attributs divins. La sourate ar Rahmane occupe la 97e place dans la révélation des 114 sourates. Le 25e nombre premier est 97, l'usage de l'attribut divin al-Mujib dont la valeur numérique est 55.

La donnée 25 détermine l'ordre chronologique de la sourate le Discernement ou l'effectif des prophètes cités dans la Saint Coran. Le 25e jour du dernier mois de l'année est aussi le 351e jour de l'an. 351 est la valeur numérique de l'attribut ar-Rafi'ou.

Dans l'arrangement du Saint Coran, la sourate arRahman occupe la 55e place. Donc retenons que le Saint Coran est une œuvre alphanumérique. Il renferme des données numériques qui permettent d'explorer le Réel.

La basmala

Dans une démarche rationnelle, on aurait pu inverser l'ordre entre la première partie et la deuxième partie : aller du général au particulier ou de l'ensemble à l'élément. En vérité cette démarche est didactique mais elle ne correspond pas au processus de développement scientifique qui résulte de l'approfondissement des acquisitions élémentaires qui résultent, eux-mêmes, du développement des connaissances de base. C'est ce processus qui explique le LMD ou la subdivision des classes des apprentissages premiers en classes préparatoires, élémentaires et moyennes. C'est la même subdivision que l'on retrouve dans l'éducation de base en trois niveaux : élémentaire, moyen et secondaire.

La démarche préconisée, ici, est intuitive. L'imam Ghazali a expliqué, il y a un millénaire, le processus du développement spirituel par les sources de la connaissance : les perceptions, la raison et l'intuition. C'est cette analyse qui gouverne en pédagogie pourquoi, les enseignements-apprentissages s'appuient, d'abord, sur le concret, ensuite le semi-concret et afin sur l'abstrait.

La réalité divine s'appréhende, d'après les enseignements du maitre averti, par l'intuition dont les étages inférieurs sont les perceptions et la raison.

La basmala[5] désigne le premier verset de la sourate al-Fatiha. Elle apparait en tête de 112 autes sourates dans lesquelles elle ne fait pas partie du décompte de leurs versets. Une seule sourate ne débute pas par la basmala. Donc 113 sourates ne comportent pas une basmala qui fait partie du décompte de leur verset. Une sourate, les fourmis, comporte un

[5] L'ouvrage Massalik Jiinane, Les itinéraires du Paradis, Cheikh Ahmadou Bamba, condense le legs du guide pour le commun des mortels. Un recueil de 1563 vers qui se répartissent en deux parties dont la première est un préambule de 79 vers. Dans cet ouvrage du verset 356 au 378, vingt-et-un versets exposent les bienfaits de la basmala. Cet exposé se situe entre l'exposé des bienfaits du crédo sunnite et la prière sur l'élu.

autre verset qui renferme la basmala. Donc la basmala se manifeste deux fois dans cette sourate.

La basmala comprend deux manches : Bismillah et arRahman Rahim. Elle aligne un code en lettrine et trois attributs divins. Sa deuxième manche apparait comme le troisième verset de la première sourate. Le premier des deux noms de Dieu de ce verset est le premier verset de la sourate 55 ar-Rahman, le Tout-Miséricordieux.

Le sens littéraire des trois attributs divins de la basmala

Le nom de Dieu comporte des essences qui se manifestent par un usage et une valeur numérique. La valeur numérique d'un attribut divin peut-être un usage voire un hub qui lance un ascenseur de lumière.

Il est rapporté que le compagnon de l'élu, Abu Hurayra, a entendu le Prophète (Saw) dire « Certes, Dieu a 99 noms, cent moins un. Quiconque les énumère entrera au Paradis ; Il est sans alter-ego et récompense le fait de citer ces noms un à un. » Rapporté par Boukhāri, tome 8, B.12, R.12.

Les noms de Dieu

Ils sont connus de tout temps par les serviteurs. Elle indique, à travers la pratique de la mention, une voie suivie par peu de musulman. Au-delà du culte, l'appel de l'Islam se fait par la Science. La détermination des noms de Dieu se pose par une opération logique qui donne un reste. Cette opération s'appelle la soustraction. La différence de 100 et 1 donne 99, le nombre qui détermine les plus beaux noms de Dieu.

Les noms de Dieu appellent au calcul par les opérations logiques qui permettent de trouver les multiples des usages de bases. D'ailleurs l'usage du chapelet implique des tours qui relèvent d'une production. Après les visions, le calcul permet de trouver l'usage ou la formule, par décomposition, des grands nombre collectée. La connaissance des nombres premiers est fondamentale parce qu'ils servent de passerelles entre le connu est l'inconnu.

Cette étude choisit les trois attributs divins de la basmala pour montrer par le calcul les attributs qui se cachent derrière la Fatiha.

1 Allah - Qu'Il soit exalté-

Le Saint Coran désigne le Créateur, dans la sourate 16 : AN-NAHL (LES ABEILLES), cet attribut comme le qualificatif suprême :

60. C'est à ceux qui ne croient pas en l'au-delà que revient le mauvais qualificatif (qu'ils ont attribué à Allah) . Tandis qu'à Allah [Seul] est le qualificatif suprême. Et c'est Lui le tout Puissant, le Sage.

La valeur numérique de l'attribut Allah - **Qu'Il soit exalté-** est 66 alors que son usage dans la pratique du Dhikr est 27. Sa valeur numérique est l'usage de l'attribut al-Jaburu.

La somme de l'usage et de la valeur numérique de l'attribut al-Jabaru donne 272, la somme des éléments de la valeur numérique Muhammad **- Que la Paix et le Salut soient sur lui-**et des éléments du trinôme qui le déterminent.

Ces éléments du trinôme de la sourate Muhammad sont 47, 95 et 38. Ces nombres indiquent respectivement l'ordre chronologique, l'ordre dans la révélation et le nombre de versets de la sourate Muhammad**- Que la Paix et le Salut soient sur lui-**.

La donnée 272 est la valeur numérique l'attribut divin al-Bassir. Son usage est 174, la différence entre 342 et 168. La valeur numérique de bismi donne 342 alors que 168 est l'usage de l'attribut as Sami'.

La somme de la valeur numérique et l'usage de l'attribut al-Bassir donne 446, la somme des éléments du trinôme (102, 64, 24) et de la valeur numérique (256) du titre de la sourate anNur.

Le 66e jour de l'an d'une année abondante est le début de ses 290 derniers jours. La valeur numérique de l'attribut Faatir est 290. Le 290e jour du calendrier solaire est le 17 octobre d'une année dans laquelle le mois de février ne dépasse pas 28 jours.

Il me semble que la basmala par ses attributs divins montre les portes d'accès à la miséricorde par le Pardon. C'est pourquoi il existe deux noms de Dieu qui renvoie au Pardon tout comme à la miséricorde.

La connaissance de sa nature originelle

Allah **- Qu'Il soit exalté-** est l'une des deux portes de la miséricorde. Elle destine à l'exposition aux essences de l'Attribut ar Rahim dont la valeur numérique est 258 : la somme des valeurs numériques des attributs divins al-Latif et al-Muhti.

La somme de la valeur numérique de la basmala et des valeurs numériques des attributs divins al-Latif et al-Muhti donne la valeur numérique la formule la ilaha ila Ghafuru(1286). La valeur numérique de Ghafuru est 1186.

La donnée 1286 est la somme des données du cœur. Le sens du Pardon qui s'empare d'un cœur relève d'une certitude qui expose à des certitudes sur l'Ange Gabriel, la Création et les Actes qui les gouvernent. Muhammad**- Que la Paix soit sur lui-** est au sommet de la pyramide des savants. Donc la guidée qui fait accéder au pardon par l'attribut Ghafur permet à l'aspirant de se découvrir comme serviteur : tel est le sens des noms du genre Abd al-Qadir Dieylani, Abd Rahman anNur Thani, Ahmad, Mounirou, Mukhtar,...

ArRahman est l'autre porte de la miséricorde. Les trois premiers versets de la sourate arRahman sont introduits par des attributs divins dont la somme des valeurs numériques donne 1181, la valeur numérique de l'attribut Ghaffar.

La connaissance du Saint Coran et des sciences humaines s'opèrent par cet attribut dont la valeur numérique est associée à la victoire l'Islam. 1181 est le 182e nombre premier. Il fait accorder la miséricorde dans l'au-delà.

C'est justement pourquoi il faut comprendre que les règles qui régissent la mécanique céleste gouverne la pratique du Dhikh qui cherche à capter certaines heures, nuits et jours pour bénéficier de l'exposition aux essences divines qui font bénéficier, d'Allah**- Qu'Il soit exalté-**, des grâces et l'agrément.

Dans le blog baladislam, Allah **- Qu'Il soit exalté-** est définit comme « Celui Qui a la divinité, c'est-à-dire Ce Qui mérite l'adoration, qui est l'extrême soumission et l'extrême abandon. »

Le Dhikr des attributs arRahim et de arRahman

Les usages respectifs des attributs arRahim et arRahman sont 12 et 91. Le nombre 12 est associé dans le Saint Coran à la détermination du nombre de mois de l'année. La notion de l'année, par douze mois, renvoie à un tour complet de la terre autour du Soleil. La sourate le soleil occupe la 91e place dans l'arrangement du Saint Coran.

Ar Rahmani Rahim compose la seconde manche de la basmala est son usage est la valeur numérique de l'attribut al-Hayyou, la vie. La vie des hommes se détermine par le nombre de révolution de la terre autour du soleil.

La valeur numérique de la seconde manche est une indication de la date du retour de l'homme de gloire. En effet, la date du 17 octobre d'une année se situe à 619 jours à partir du 6 février de l'année précédente.

Ce 6 février est le 47e jour à compter du premier jour de l'avant dernier solstice d'hiver avant le retour de l'homme de gloire. La sourate Rahman comporte 47 versets différents et un verset qui réapparait 31 fois. Ce verset apparait pour la première après les douze premiers versets et il débute la révélation des 66 derniers versets de cette sourate.

Isaac Newton est un mathématicien, physicien et philosophe de la fin du XVIIe et du début du XVIIIe siècle (31 mars 1727). Il a signifié ses craintes sur la seconde venue de Jésus[6].

---

6 http://www.newtonproject.ox.ac.uk/view/texts/normalized/THEM00135 : « ** < insertion from f 3v > ** Consider that the same Prophets who foretold our saviours first coming foretold also his second coming; & if it was the main & indispensable duty of the Church before the first coming of Christ to have searched into & understood those prophesies aforehand, why should it not be as much the duty of the Church before his second coming to understand the same prophesies aforehand so far as they are yet to be fulfilled? Or how knowest thou that the christian church if they continue to neglect, shall not be punished even in this world as severely as ever were the Iews? Yea will not the Iews rise up in judgment against us? For they had some regard to these prophesies insomuch as to be in general expectation of our Saviour about that time when he came, onely they were not aware of the manner of his two comings; they understood the description of his second coming, & onely were mistaken in applying that to the time of his first coming. Consider therefore, if the description of his second coming was so much more plain & perspicuous then that of the first, that the Iews who could not so much as perceive any thing of the first could yet understand the second, how shall we escape who understand nothing of the second but have turned the whole description of it into Allegories. And if the Iews were so severely punished for not understanding the more difficult Prophesy, what can we plead who know nothing of the more perspicuous; & yet have this advantage above them that the first which is a key to the second & was hidden from them is made manifest to us, and that we have the second also much further explained in the new Testament. < text from f 4r resumes > Again consider how the Apostels instructed the Churches of the first age in the knowledge of these latter times 2 Thes 2.5. And if it was the duty of those Christians to understand them which were not to live in them, shall we think that the knowledge thereof is of no concernment to us. »

La donnée 47 est la valeur numérique de l'attribut al-Wa'ali dont l'usage est 366, le nombre qui détermine la durée de l'année bissextile.

La valeur numérique des 7 versets de la Fatiha (9191) est un multiple de la valeur numérique de l'attribut al-Malik. Ces usages expliquent pourquoi l'usage Allah **- Qu'Il soit exalté-**est 27. Le 27e nombre premier est 103, la somme de 12 et 91.

La donnée 91 est un multiple de 13, la valeur numérique de l'attribut Ahad ou l'usage de l'attribut ad-Dhahhir. Dans un intervalle fermé de 103 bornes, la 91e borne est la 13e dans le sens inverse.

Dans l'architecture de la sourate arRahman, le verset qui a la plus grande fréquence d'apparition dans une sourate apparait à la 13e place et il débute la révélation des 66 derniers versets de la sourate. 66 est la valeur numérique de l'attribut Allah **- Qu'Il soit exalté-**.

Donc on peut comprendre que 66 comme la somme de 31 et 35. Ces nombres déterminent les ordres chronologiques des sourates Luqman et Faatir. Ces sourates indiquent les voies et moyens pour l'accès à la **fitra**.

Les deux mondes

L'ici-bas et l'au-delà !

La valeur numérique de l'attribut al-Hakim détermine le nombre des versets de la sourate arRahman. La donnée 78 peut être analysée comme la somme des usages des attributs ar Rahim et al-jabaru dont la somme des valeurs numériques donne 464, le double de la valeur numérique de l'attribut al-Kabir ou le quadruple de la valeur numérique de l'attribut al Qawi.

L'architecture de la sourate arRahman permet d'opérer à des analyses qui dévoilent des enseignements sur les fruits de la pratique du Dhikr. En effet, le cœur est le jardin où s'épanouissent les végétaux de lumières qui tirent leur énergie des essences divines.

الرحمن

2 Ar-Rahmān

« Celui Qui accorde des bienfaits en abondance dans ce monde. Il réserve certains bienfaits exclusivement aux croyants l'au-delà ; et ce nom fait partie des noms que l'on n'attribue à nul autre que Allah **- Qu'Il soit exalté-**. »[7]

الرحيم

3 Ar-Rahīm

« Celui Qui accorde des bienfaits en abondance exclusivement aux croyants dans l'au-delà. Le terme Ar-Rahmān englobe la signification du terme Ar-Rahīm en lui ajoutant une signification supplémentaire, en conformité avec une règle de la langue arabe classique qui indique que le noun ajouté à la fin du premier ajoute une valeur sémantique à la signification du second sans retirer sa signification initiale. »

Ecriture en arabe Ar Rahman

الرحمن

2, Ar Rahman

Le très miséricordieux, l'infiniment bon, le plus tendre et aimant, et le bien faisant. C'est lui qui accorde à l'ensemble de sa création ses bénédictions et permet la prospérité sans aucune disparité. Très aimable, doux, affectueux et miséricordieux, il est Celui qui pardonne sans fin. Il

[7] L'auteur ne s'approprie pas forcément des citations qu'il donne sauf si elles émanent des hadiths et du Saint Coran. Les définitions des noms apparents et cachés de cet ouvrage sont collectées sur http://baladislam.over-blog.com/

déborde d'amour et ne cesse de le verser à tout être vivant. Celui qui accorde ces bienfaits en abondance à Ses créatures dans ce monde.

On rapporte que, selon Ibn Qayyum (1350 AD), Rahman décrit la qualité de Grâce abondante qui est inhérent et indissociable du Tout-Puissant. Les connotations et les racines arabes du nom Ar Rahman rattache son étymologie à la tendresse, la douceur, la gentillesse, l'amour, la pitié, la bonté et la bienfaisance.

Dans la mécanique céleste, le début des 299 derniers jours d'une année abondante est le 56e jour depuis le début de l'an. Ces données correspondent les valeurs numériques des attribut ar-Rahman et Mubdi.

Les sommes des valeurs numériques et des usages des attributs ar Rahman et al Mubdi fait 630, la valeur numérique de l'attribut al-Muntaquimu.

Dans le récit de la fin des temps, il s'écoule 630 jours allant du dimanche 25 novembre 2018 au 15 aout 2020. La borne inférieure de cet intervalle de temps se situe à 489 jours à compter du 25 juillet 2017.

الرحيم

3, Al Rahim

« Le Tout- Miséricordieux, l'infiniment bon, le plus tendre et aimant, et le bienfaiteur. *Le terme Ar-Rahmān englobe la signification du terme Ar-Rahīm en lui ajoutant une signification supplémentaire, en conformité avec une règle de la langue arabe classique qui indique que le noun ajouté à la fin du premier ajoute une valeur sémantique à la signification du second sans retirer sa signification initiale.* Celui qui accorde aux croyants Ses bénédictions et permet leur prospérité. Celui qui est très aimable, doux, affectueux et miséricordieux. Celui qui pardonne sans fin celui qui déborde d'amour et ne cesse de le verser à tout être vivant. Celui qui récompense par sa grâce les bonnes actions et les comportements pieux. Celui qui donne à ceux qui font le bien et cherche son agrément. Celui qui a pitié des besogneux. Celui qui accorde ces bienfaits en abondance aux croyants et Celui qui réserve certains bienfaits uniquement qu'aux croyants dans l'au-delà. »

La détermination des valeurs numériques

La détermination des valeurs numériques d'attribut divin se fait selon la valeur qui est accordées à chaque lettre de l'alphabet arabe.

Valeurs numériques	9	8	7	6	5	4	3	2	1
Lettres	ط	ح	ز	و	ه	د	ج	ب	ا
Valeurs numériques	90	80	70	60	50	40	30	20	10
Lettres	ض	ف	ع	ص	ن	م	ل	ك	ي
Valeurs numériques	900	800	700	600	500	400	300	200	100
Lettres	غ	ظ	ذ	خ	ث	ت	س	ر	ق
Valeurs numériques									1000
Lettres									ش

Application

Attributs divins	Décodage	Valeur numérique
البارى	2+1+200+10 +1	= 214
المهيمن	40+5+10+40+50	= 145
المؤمن	40+6+40+50	= 136
السلام	300+30+1+40	= 371

Les 99 noms d'Allah (une liste indicative)

Il existe une liste des noms de Dieu établi par l'imam Abu Hamid al-Ghazali dans son livre Les 99 beaux noms de Dieu. Les chercheurs David B. Burell et Nazih Daher ont établi la présence de ces attributs dans la Tawrat, le Zabur et l'Injil dans le cadre d'une étude pour l'Islamique Texts Society, Cambridge Royaume-Uni, 1992. Il faut signaler qu'il existe d'autres. Donc, la liste des noms dressés par l'Imam a fait l'objet d'une étude croisé pour établir les noms qu'on trouve dans la Torah, les Psaumes et l'Evangile. La liste fournie ci-dessous est choisi

Tableau d'une liste indicative des 99 noms de Dieu

Par ordre, se lis l'attribut dans sa translation par l'alphabet française, son écriture en arabe, sa valeur numérique (VN) et sa traduction en française.

Noms de Dieu			
Alphabet français	Arabe	VN	Traduction en français
Allah	الله	66	Dieu
Ar-Rahmān	الرحمن	299	Le Tout-Miséricordieux
Ar-Rahīm	الرحيم	258	Le Très-Miséricordieux
Al-Malik	الملك	90	Le Souverain
Al-Quddūs	القدوس	410	Le Saint
As-Salām	السلام	371	La Paix
Al-Mu'min	المؤمن	136	La Sauvegarde
Al-Mouhaymin	المهيمن	145	Le Préservateur
Al-'Aziz	العزيز	94	Le Tout Puissant
Al-Mutakabbir	المتكبر	662	L'innaccessible
Al-Khāliq	الخالق	731	Le Créateur
Al-Bāri'	البارئ	214	Le Producteur
Al-Musawwir	المصور	306	Celui qui façonne ses créatures
Al-Ghaffār	الغفار	1181	Qui absout beaucoup
Al-Qahhār	القهار	306	L'Irrésistible
Al-Wahhāb	الوهاب	14	Le Très Généreux
Ar-Razzāq	الرزاق	308	Celui qui accorde la subsistance
Al-Fattāh	الفتاح	489	Celui qui accorde la victoire
Al-'Alīm	العليم	150	L'Omniscient
Al-Qabid	القابض	193	Celui qui retient et qui rétracte
Al-Bāsit	الباسط	312	Celui qui étend Sa générosité
Al-Khāfid	الخافض	771	Celui qui abaisse
Ar-Rāfi'	الرافع	351	Celui qui élève
Al-Moudhill	المذل	770	Celui qui humilie les fiers
As-Samī'	السميع	420	L'Audient, Celui qui entend toute chose
Al-Basīr	البصير	272	Le Voyant, Celui qui voit toute chose
Al-Hakam	الحكم	68	L'Arbitre
Al-'Adl	العدل	104	Le Juste
Al-Latīf	اللطيف	129	Le Bon dans l'épreuve
Al-Khabīr	الخبير	812	Le Bien-Informé
Al-Halīm	الحليم	88	Le Doux, le Très Clément
Al-Adhīm	العظيم	920	L'Immense, l'Eminent
Al-Ğafhūr	الغفور	1186	Qui Pardonne
Ash-Shakūr	الشكور	1226	Le Très-Reconnaissant
Al-'Ali	العلي	110	L'Elevé

Noms de Dieu			
Alphabet français	Arabe	VN	Traduction en fancais
Al-Kabīr	الكبير	232	L'Infiniment Grand
Al-Hafīdh	الحفيظ	898	Le Gardien
Al-Muqīt	المقيت	550	Qui nourrit tout le monde
Al-Hasīb	الحسيب	320	Qui règle le compte de tout le monde
Al-Jalīl	الجليل	73	Le Majestueux
Al-Karīm	الكريم	270	Le Noble
Ar-Raqīb	الرقيب	312	L'Observateur
Al-Mujīb	المجيب	55	Celui qui exauce les prières
Al-Wāsi'	الواسع	377	Le Vaste
Al-Hakīm	الحكيم	78	Le Sage
Al-Wadūd	الودود	20	Qui aime beaucoup
Al-Majīd	المجيد	57	Le Très Glorieux
Al-Bā'ith	الباعث	573	Qui ressuscite
Ashahīd	الشهيد	1019	Le Témoin
Al-Haqq	الحق	108	Le Vrai
Al-Wakīl	الوكيل	66	Le Tuteur
Al-Qawi	القوي	116	Le Fort
Al-Matīn	المتين	500	Le Robuste
Al-Wa'li	الولي	46	Le Protecteur
Al-Hamīd	الحميد	62	Le Louable
Al-Muhsi	المحصي	118	Qui connaît les comptes de tous
Al-Mubdi'	المبدئ	56	L'Auteur
Al-Mu'īd	المعيد	124	Qui fait rentrer tout le monde dans le néant
Al-Muhyī	المحيي	68	Qui donne la vie
Al-Mumīt	المميت	490	Qui donne la mort
Al-Hayy	الحي	18	Le Vivant
Al-Qayyūm	القيوم	156	L'Immuable
Al-Wājid	الواجد	14	Qui existe
Al-Mājid	الماجد	48	L'Illustre
Al-Wāhid	الواحد	19	L'Unique
As-Samad	الصمد	104	L' Eternel Seigneur
Al-Muqaddim	المقدم	184	Qui a tout précédé
Al-Mu'akhir	المؤخر	846	Qui sera après tout
Al-Awwal	الأول	37	Le Premier, dont l'existence n'a pas de début
Al-Ākhir	الآخر	802	Le Dernier, dont l'existence n'a pas de fin
Adh-Dhāhir	الظاهر	1006	L'Extérieur, l'Apparent
Al-Bātin	الباطن	62	L'Intérieur, le Caché
Al-Wāly	الوالي	47	Le Monarque
Al-Muta'āli	المتعالي	551	Le Sublime
Al-Barr	البر	202	Le Bienfaiteur

Noms de Dieu			
Alphabet français	Arabe	VN	Traduction en fancais
At-Tawwab	التواب	409	Qui ne cesse d'accueillir le repentir
Al-Muntaqim	المنتقم	630	Le Vengeur
Al-Afuww	العفو	156	L'Indulgent
Al-Ra'ūf	الرؤوف	292	Le Bienveillant en grâce
Mālik-ul-Mulk	مالك الملك	242	Le Maître du Pouvoir
Dhul-Jalāli-wal-Ikrām	و الإكرام ذو الجلال	1100	Détenteur de Majesté qui mérite d'être Exalté
Al-Muqsit	المقسط	449	L'Equitable
Al-Ḡhani	الغني	960	Le Riche par excellence
Al-Mughni	المغنى	1000	Qui satisfait les besoins de Ses créatures
Al-Māni	المانع '	161	Le Défenseur
Ad-Dār	الضار	291	Qui peut nuire (à ceux qui L'offensent)
An-Nāfi'	النافع	201	L'Utile
An-Nūr	النور	256	La Lumière
Al-Hādi	الهادي	20	Le Guide
Al-Baqi	يقلب	113	Le Permanent
Al-Wārith	الوارث	707	L'Héritier
Ar-Rashīd	الرشيد	1214	Qui agit avec droiture
As-Sabur	الصبور	268	Le Patient

Les noms de Dieu dans les Ecritures Saintes

Les noms de Dieu sont connus de tout temps par la révélation. Dans les Psaumes, ainsi que l'Ancien et le Nouveau testament, figurent les 99 noms de Dieu dévoilé par le dernier des messagers de l'Islam.

بِــــــسْمِ اللَّهِ الرَّحْمَنِ الرَّحِيمِ

1. Allahu Dieu	L'insensé dit en son cœur : Il n'y a point de Dieu! Ils se sont corrompus, ils ont commis des actions abominables. *Zabur 14:1, 89:7*	اَللَّهُ
2. Ar-Raḥmānu Le Miséricordieux	Toi, Seigneur, tu es un Dieu miséricordieux et compatissant, lent à la colère, riche en bonté et en fidélité. *Zabur 86:15.* L'Éternel est miséricordieux et compatissant, *Zabur 103:8, 145:8, An-Nabi Yunus (Jonas) 4:2*	اَلرَّحْمَنُ
3. Ar-Raḥīmu Le Compatissant	l'Éternel, Dieu miséricordieux et compatissant. *Tawrat Exode 34:6.* L'Éternel est miséricordieux et juste, Notre Dieu est plein de compassion. *Zabur 116:5, 86:15 et Injil Ephésiens 2:4, Yakuba (Jacques) 5:11b*	اَلرَّحِيمُ
4. Al-Maliku Le Souverain	Au roi des siècles, immortel, invisible, seul Dieu, soient honneur et gloire, aux siècles des siècles! Amen! *Injil 1 Timothée 1:17.* Qui donc est ce roi de gloire? L'Éternel des armées : Voilà le roi de gloire! *Zabur 24 :10, 47 :3-8 An-Nabi Zacharie 14:9*	اَلْمَلِكُ
5. Al-Quddūsu Le saint	Exaltez l'Éternel, notre Dieu, Et prosternez-vous sur sa montagne sainte! Car il est saint, l'Éternel, notre Dieu! Zabur 99 :3-9, 33 :21. Saint, saint, saint est le Seigneur Dieu, le Tout Puisant, qui était, qui est, et qui vient! *Injil Apocalypse 4:8b, An-Nabi Esa'ie 6:3, Injil 1 Pierre 1:15*	اَلْقُدُّوسُ
6. As-Salāmu La Paix	Jérusalem, célèbre l'Éternel!... Il rend la paix à ton territoire. *Zabur 147:12-14, Injil 2Thessaloniciens 3:16.* Car Dieu n'est pas un Dieu de désordre, mais de paix. *Injil 1 Corinthiens 14:33*	اَلسَّلَامُ
7. Al-Mūminu Le fidèle	Les œuvres de ses mains sont fidélité et justice; toutes ses ordonnances sont véritables. *Zabur 111:7, 31:5, 145:13, Injil 2 Thessaloniciens 3:3*	اَلْمُؤْمِنُ
8. Al-Muhayminu Le Protecteur	Le père des orphelins, le défenseur des veuves, c'est Dieu dans sa demeure sainte. *Zabur 68:5, 41:1-2*	اَلْمُهَيْمِنُ
9. Al-'Azīzu Le Puissant	Dieu, Dieu, l'Éternel, parle, et convoque la terre. *Zabur 50:1* Humiliez-vous donc sous la puissante main de Dieu, afin qu'il vous élève au temps convenable. *Injil 1 Pierre 5:6*	اَلْعَزِيزُ
10. Al-Jabbāru L'Irrésistible	Dieu dit: Mes arrêts subsisteront, et j'exécuterai toute ma volonté... Je l'ai dit, et je le réaliserai; Je l'ai conçu, et je l'exécuterai. *An-Nabi Esaïe 46:10-11.* Ton bras est puissant, ta main forte, ta droite élevée. *Zabur 89:13-15*	اَلْجَبَّارُ

11. Al-Mutakabbiru Celui qui est pleine de splendeur	Ton règne est un règne de tous les siècles, et ta domination subsiste dans tous les âges. *Zabur 145:13, 103:22*	اَلْمُتَكَبِّرُ
12. Al-Khāliqu Le Créateur	Au commencement, Dieu créa les cieux et la terre. *Tawrat Genèse 1:1, Zabur 100:3,* *Injil Romains 1:24-25*	اَلْخَالِقُ
13. Al-Bāri'u Le Producteur	Venez, prosternons-nous et humilions-nous, fléchissons le genou devant l'Éternel, notre créateur! *Zabur 95:6, 149:2*	اَلْبَارِئُ
14. Al-Muṣawwiru Le Fabricateur	Tes mains m'ont créé, elles m'ont formé; donne-moi l'intelligence, pour que j'apprenne tes commandements! *Zabur 119:73, 33:15, 139:13*	اَلْمُصَوِّرُ
15. Al-Ghaffāru Le Grand Pardonneur	Heureux celui à qui la transgression est remise, à qui le péché est pardonné! Zabur 32:1-2, 103:3 Qui peut pardonner les péchés, si ce n'est Dieu seul ? » *Injil* Marc 2:7 De même que le Seigneur vous a pardonné, pardonnez-vous aussi. *Injil Colossiens 3:13b*	اَلْغَفَّارُ
16. Al-Qahhāru Le conquérant Le soumetteur	O Dieu! je te chanterai un cantique nouveau, je te célébrerai sur le luth à dix cordes. Toi, qui donne le salut aux rois, qui sauvas du glaive meurtrier David, ton serviteur. *Zabur 144:9-10*	اَلْقَهَّارُ
17. Al-Wahhābu Le grand donateur	Je répandrai sur la maison de David et sur les habitants de Jérusalem un esprit de grâce et de supplication. *An-Nabi Zecharie 12:10, Zabur 25:6, 31:20, 84:12*	اَلْوَهَّابُ
18. Ar-Razzāqu Le Pourvoyeur	Tu dresses devant moi une table, en face de mes adversaires; tu oins d'huile ma tête, et ma coupe déborde. *Zabur 23:5, 136:25, Tawrat Genèse 22:14 and Injil Matthew 6:26,33*	اَلرَّزَّاقُ
19. Al-Fattāhu L'Ouvreur	Seigneur! ouvre mes lèvres, et ma bouche publiera ta louange. *Zabur 51:15, Tawrat Genèse 21:19*	اَلْفَتَّاحُ
20. Al-'Alīmu Le Grand Savant	Éternel! tu me sondes et tu me connais! *Zabur 139:1-6.* Dieu connaît les secrets du cœur. *Zabur 44:21*	اَلْعَلِيمُ

21. Al-Qābiḍu Celui qui replie la main	Il pardonne l'iniquité et ne détruit pas; Il retient souvent sa colère et ne se livre pas à toute sa fureur. *Zabur 78:38, Injil 2 Thessaloniciens 2:6-8*	اَلْقَابِضُ
22. Al-Bāsiṭu Celui qui ouvre la main	Celui qui a étendu la terre sur les eaux, car sa miséricorde dure à toujours! *Zabur 136:6, 105:39*	اَلْبَاسِطُ
23. Al-Khafiḍu Le Rabaisseur	Il abat l'orgueil des princes, Il est redoutable aux rois de la terre. *Zabur 76:11-12, An-Nabi Daniel 4:28-33*	اَلْخَافِضُ
24. Ar-Rāfi'u L'Éleveur	Humiliez-vous devant le Seigneur, et il vous élèvera. *Injil Jacques 4:10, Zabur 75:7, An-Nabi Daud 1 Samuel 2:7*	اَلرَّافِعُ
25. Al-Mu'izzu L'Honoreur	L'Éternel Dieu est un soleil et un bouclier, L'Éternel donne la grâce et la gloire, Il ne refuse aucun bien à ceux qui marchent dans l'intégrité. *Zabur 84:11, 91:15*	اَلْمُعِزُّ
26. Al Mudhillu Le déshonoreur qui humilie	L'Éternel exauce mes supplications, L'Éternel accueille ma prière. Tous mes ennemis sont confondus, saisis d'épouvante; Ils reculent, soudain couverts de honte. *Zabur 6:9-11, 44:9*	اَلْمُذِلُّ
27. As-Samī'u Celui qui entend tout	Quand un malheureux crie, l'Éternel entend, Et il le sauve de toutes ses détresses. *Zabur 34:17*	اَلسَّمِيعُ
28. Al-Baṣīru Celui qui voit tout	L'Éternel regarde du haut des cieux, Il voit tous les fils de l'homme. *Zabur 33:13-14.* L'homme regarde à ce qui frappe les yeux, mais l'Éternel regarde au cœur. *Le Prophète Daud 1 Samuel 16:7*	اَلْبَصِيرُ
29. Al-Ḥakamu L'arbitre Le juge	les hommes diront : Oui, il est une récompense pour le juste; Oui, il est un Dieu qui juge sur la terre. *Zabur 58:11, Injil Romains 2:16*	اَلْحَكَمُ
30. Al-'Adlu Le Juste	La justice et l'équité sont la base de ton trône. La bonté et la fidélité sont devant ta face. *Zabur 89:14, 36:7, 72:1,2.* But now the righteousness Maintenant, sans la loi est manifestée la justice de Dieu, à laquelle rendent témoignage la loi et les prophète. *Injil Romains 3:21, 3:22-26*	اَلْعَدْلُ

31. Al-Laṭīfu Le doux	L'Éternel est juste dans toutes ses voies, et miséricordieux dans toutes ses oeuvres. *Zabur 145:17, Injil Romains 11:22*	اَللَّطِيفُ
32. Al-Khabīru Le bien-informé	L'Éternel connaît les pensées de l'homme, il sait qu'elles sont vaines. *Zabur 94:11, 37:13, 44:21.* *An-Nabi Daud 2 Samuel 12:9-12*	اَلْخَبِيرُ
33. Al-Ḥalīmu Le clément	Mais toi, Seigneur, tu es un Dieu miséricordieux et compatissant, lent à la colère, riche en bonté et en fidélité. *Zabur 86:15, An-Nabi Jérémie 15:15* . Méprises-tu les richesses de sa bonté, de sa patience et de sa longanimité, ne reconnaissant pas que la bonté de Dieu te pousse à la repentance? *Injil Romains2:4*	اَلْحَلِيمُ
34. Al-'Aẓīmu Le très grand	Il a envoyé la délivrance à son peuple, Il a établi pour toujours son alliance; son nom est saint et redoutable. *Zabur 111:9, 63:2, 68:35, 99:3*	اَلْعَظِيمُ
35. Al-Ghafūru Celui qui pardonne tout	Tu es bon, Seigneur, tu pardonnes, tu es plein d'amour pour tous ceux qui t'invoquent. *Zabur 86:5, 79:8, 99:8, Injil 1John 1:9*	اَلْغَفُورُ
36. Ash-Shakūru Le Reconnaissant	Celui qui offre pour sacrifice des actions de grâces me glorifie, et à celui qui veille sur sa voie je ferai voir le salut de Dieu. *Zabur 50:23, 145:10*	اَلشَّكُورُ
37. Al-'Aliyyu Le Tès-Haut	Arrêtez, et sachez que je suis Dieu : Je domine sur les nations, je domine sur la terre. *Zabur 46:10, 97:9, 99:2, An-Nabi Ayoub (Job) 22:12*	اَلْعَلِيُّ
38. Al-Kabīru Le Grand	L'Éternel est grand et très digne de louange, et sa grandeur est insondable. *Zabur 145:3, 86:10, An-Nabi Ayoub (Job) 37:23*	اَلْكَبِيرُ
39. Al-Hafīzhu The Gardien	Toi, Éternel! Tu les garderas, tu les préserveras de cette race à jamais. *Zabur 12:7, 18:47, 25:20, 121:4*	اَلْحَفِيظُ
40. Al-Muqītu Le Soutien qui nourrit	Remets ton sort à l'Éternel, et il te soutiendra, il ne laissera jamais chanceler le juste. *Zabur 55:22, 63:2-9, Injil Matthew 6:26,* *An-Nabi Esaïe 40:11*	اَلْمُقِيتُ

41. Al-Ḥasibu Le demandeur des comptes	Pourquoi le méchant méprise-t-il Dieu ? Pourquoi dit-il en son cœur : Tu ne punis pas ? Zabur 10:13, 56:8,9, An-Nabi Esaïe 2:12	اَلْحَسِيبُ
42. Al-Jalīlu Le Majestueux	Éternel, notre Seigneur ! Que ton nom est magnifique sur toute la terre ! Ta majesté s'élève au-dessus des cieux. *Zabur 8:1, Tawrat Exodus 15:11*	اَلْجَلِيلُ
43. Al-Karīmu Le Généreux	Si quelqu'un d'entre vous manque de sagesse, qu'il la demande à Dieu, qui donne à tous simplement et sans reproche, et elle lui sera donnée. *Injil Jacques 1:5, Zabur 112:9*	اَلْكَرِيمُ
44. Ar-Raqību Le Veilleur	Si j'ai péché, qu'ai-je pu te faire, gardien des hommes? *An-Nabi Ayoub 7:20,* *Tawrat Genèse 16:13*	اَلرَّقِيبُ
45. Al-Mujibu Le Sensible qui répond à l'appel	De ma voix je crie à l'Éternel, et il me répond de sa montagne sainte. *Zabur 3:5, 20:6,7* Réponds-moi, Éternel, réponds-moi, afin que ce peuple reconnaisse que c'est toi, Éternel, qui es Dieu, et que c'est toi qui ramènes leur cœur. C'est l'Éternel qui est Dieu! *1 Rois 18:37-39*	اَلْمُجِيبُ
46. Al-Wāsi'u L'abondance L'immense	Que tes pensées, ô Dieu, me semblent impénétrables! Que le nombre en est grand! *Zabur 139:17, 139:1-12, Injil Acts 17:24-27*	اَلْوَاسِعُ
47. Al-Ḥakīmu Celui qui donne la mort	Tu veux que la vérité soit au fond du cœur : Fais donc pénétrer la sagesse au dedans de moi! *Zabur 51:6, 104:24 ,* *An-Nabi Suleymanu 1 Kings 3:16-28*	اَلْحَكِيمُ
48. Al-Wadūdu L'amour Le tendre	Louez l'Éternel! Louez l'Éternel, car il est bon, car sa miséricorde dure à toujours! *Zabur 106:1, 6:4, 85:10, 109:21.* Celui qui n'aime pas n'a pas connu Dieu, car Dieu est amour. *Injil 1 John 4:8*	اَلْوَدُودُ
49. Al-Majīdu Le Plus Glorieux	Rendez à l'Éternel gloire pour son nom! Prosternez -vous devant l'Éternel avec des ornements sacré. *Zabur 29:2, 115:1, 145:5*	اَلْمَجِيدُ
50. Al-Bā'ithu Celui qui ressuscite	Je sers le Dieu de mes pères ..., croyant tout ce qui est écrit dans la loi et dans les prophètes, et ayant en Dieu cette espérance, ... qu'il y aura une résurrection des justes et des injustes. *Injil Acts 24:14-16, the story of An-Nabi Ilyas in 1 Kings 17:17-24, and Injil Hébreux 11:17-19*	اَلْبَاعِثُ

51. Ash-Shahīdu Le Témoin	Si tu maltraites mes filles, et si tu prends encore d'autres femmes, ce n'est pas un homme qui sera avec nous, prends-y garde, c'est Dieu qui sera témoin entre moi et toi. *Tawrat Genèse 31:50, 1 Samuel 20:12, An-Nabi Micah 1:2*	اَلشَّهِيدُ
52. Al-Ḥaqqu La Vérité	Enseigne-moi tes voies, ô Éternel ! Je marcherai dans ta fidélité. Dispose mon cœur à la crainte de ton nom. *Zabur 86:11, 25:5, An-Nabi Esaïe 65:16*	اَلْحَقُّ
53. Al-Wakilu Le Surveillant	Ne crains rien, car je suis avec toi ; ne promène pas des regards inquiets, car je suis ton Dieu ; Je te fortifie, je viens à ton secours, je te soutiens de ma droite triomphant. *An-Nabi Esaïe 41:10, Zabur 23:1, 80:1-3, Injil 1 Peter 2:25*	اَلْوَكِيلُ
54. Al-Qawiyyu Le Très-Fort	C'est Dieu qui est ma puissante forteresse, et qui me conduit dans la voie droite. *Holy History of the Prophète David 2 Samuel 22:33, Zabur 24:8, 65:7, An-Nabi Esaïe 8:11*	اَلْقَوِيُّ
55. Al-Matīnu Le Ferme L'Inébranlable	Le solide fondement de Dieu reste debout, avec ces paroles qui lui servent de sceau : Le Seigneur connaît ceux qui lui appartiennent. *Injil 2 Timothy 2:19, Zabur 33:11, 93:2*	اَلْمَتِينُ
56. Al-Waliyyu L'Ami protecteur Le patron	C'est à toi que s'abandonne le malheureux, c'est toi qui viens en aide à l'orphelin. *Zabur 10:14, 118:17, Tawrat Exodus 33:11*	اَلْوَلِيُّ
57. Al-Ḥamīdu Le Digne de louange	L'Éternel est grand, il est l'objet de toutes les louanges, dans la ville de notre Dieu, sur sa montagne sainte. *Zabur 48:1, 48:10, 65:1, Injil Luke 2:20*	اَلْحَمِيدُ
58. Al-Muḥṣi Celui qui compte exhaustivement	Heureux l'homme à qui l'Éternel n'impute pas d'iniquité, et dans l'esprit duquel il n'y a point de fraude. *Zabur 32:2, Tawrat Genèse 15:6, Injil Romains 4:22-25*	اَلْمُحْصِى
59. Al-Mubdi'u Celui qui commence	Je suis l'alpha et l'oméga, le commencement et la fin. *Injil Apocalypse 21:6, 1:17-8, Zabur 93:2*	اَلْمُبْدِئُ
60. Al-Mu'īdu Celui qui restaure	Il me fait reposer dans de verts pâturages, il me dirige près des eaux paisibles. Il restaure mon âme, il me conduit dans les sentiers de la justice, à cause de son nom. *Zabur 23:2,3.* Éternel, ramène nos captifs, comme des ruisseaux dans le Midi! *Zabur 126:4, 71:20*	اَلْمُعِيدُ

66. Al-Mājidu Le Noble, plein de gloire	Son œuvre n'est que splendeur et magnificence, et sa justice subsiste à jamais. *Zabur 111:3, 35:27, 70:4, 71:8, An-Nabi Esaïe 6:3, Injil Luke 2:9,10*	اَلْمَاجِدُ
67. Al-Wāḥidu L'Un L'Unique	Il en sera ainsi, afin que tu saches que nul n'est semblable à l'Éternel, notre Dieu. *Tawrat Exodus 8:10, Zabur 100:3, 68:8*	اَلْوَاحِدُ
68. Aṣ-Ṣamadu L'Absolu	Le Dieu d'éternité est un refuge, et sous ses bras éternels est une retraite. *Tawrat Exodus 33:27, Zabur 103:17, 90:2*	اَلصَّمَدُ
69. Al-Qādiru Le Capable	La voix de l'Éternel est puissante, la voix de l'Éternel est majestueuse. *Zabur 29:4, 147:5, Joel 2:11*	اَلْقَادِرُ
70. Al-Muqtadiru Le Très-Capable	Ils te feront la guerre, mais ils ne te vaincront pas; car je suis avec toi pour te délivrer, dit l'Éternel. *Jérémie 1:19, Esaïe 42:13, Zabur147:5, 132:2*	اَلْمُقْتَدِرُ
61. Al-Muḥyī Celui qui donne la vie	Dieu, qui donne la vie aux morts, et qui appelle les choses qui ne sont point comme si elles étaient. *Injil Romains 4:17, Zabur 16:10*	اَلْمُحْيِي
62. Al-Mumītu Celui qui donne la mort	Tu fais rentrer les hommes dans la poussière, et tu dis : Fils de l'homme, retournez! *Zabur 90:3.* L'Éternel fait mourir et il fait vivre. Il fait descendre au séjour des morts et il en fait remonter. *Injil Hébreux 9:27 An-Nabi Ayoub 14:5*	اَلْمُمِيتُ
63. Al-Ḥayyu Le Vivant	Vive l'Éternel, et béni soit mon rocher! Que le Dieu de mon salut soit exalté. *Zabur 18:46, 84:2, Injil Apocalypse 1:17-18*	اَلْحَيُّ
64. Al-Qayyūmu Le détenteur, qui subsiste par lui-même	Remets ton sort à l'Éternel, et il te soutiendra, il ne laissera jamais chanceler le juste. *Zabur 55:22, 19:1-7*	اَلْقَيُّومُ
65. Al-Wājidu Celui qui trouve tout ce qu'il veut	Où irais-je loin de ton esprit, et où fuirais-je loin de ta face?*Zabur 139:7-10, An-Nabi Suleymanu (Proverbs) 24:12* Voici, j'aurai soin moi-même de mes brebis... Comme un pasteur ... au milieu de ses brebis éparses, ainsi je ferai la revue de mes brebis, et je les recueillerai de tous les lieux où elles ont été dispersées. *An-Nabi Ezekiel 34:11,12*	اَلْوَاجِدُ

71. Al-Muqaddimu Celui qui fait avancer	Avec toi je me précipite sur une troupe en armes, avec mon Dieu je franchis une muraille. *Zabur 18:29, Tawrat Deutéronome 8:7*	اَلْمُقَدِّمُ
72. Al-Muwakhkhiru Celui qui fait retarder	A cause de mon nom, je suspends ma colère ... pour ne pas t'exterminer. *An-Nabi Esaïe 48:9.* Peut-être écouteront-ils, et reviendront-ils chacun de leur mauvaise voie; alors je me repentirai du mal que j'avais pensé leur faire à cause de la méchanceté de leurs actions. *An-Nabi Esaïe 48:9, An-Nabi Jérémie 26:3*	اَلْمُوَخِّرُ
73. Al-Awwalu Le premier	Je suis l'alpha et l'oméga, le premier et le dernier, le commencement et la fin. *Injil Apocalypse 22:13, An-Nabi Esaïe 41:4*	اَلأَوَّلُ
74. Al-A'ākhiru Le dernier	Il posa sur moi sa main droite en disant : ne crains point! Je suis le premier et le dernier. *Injil Apocalypse 1:17,18, 2:8, An-Nabi Esaïe 44:6* Je sais que mon Rédempteur est vivant, et qu'il se lèvera le dernier sur la terre. *An-Nabi Ayoub (Job) 19:25*	الآخِرُ
75. Aẓ-Ẓāhiru Le manifeste L'apparent	Les cieux publient sa justice, et tous les peuples voient sa gloire. *Zabur 97:6* Les cieux racontent la gloire de Dieu, et l'étendue manifeste l'oeuvre de ses mains.*Zabur 19:1, An-Nabi Ezekiel 28:22*	اَلظَّاهِرُ
76. Al-Bāṭinu Le caché	Non, la main de l'Éternel n'est pas trop courte pour sauver, ni son oreille trop dure pour entendre. Mais ce sont vos crimes qui mettent une séparation entre vous et votre Dieu; ce sont vos péchés qui vous cachent sa face et l'empêchent de vous écouter. *An-Nabi Esaïe 59:1,2, Zabur 78:1-4, 10:1-11, and Tawrat Deutéronome 29:28-29*	اَلْبَاطِنُ
77. Al-Wālī Le gouverneur Le maitre	À l'Éternel appartient le règne : Il domine sur les nations. *Zabur 22:28* Il dominera d'une mer à l'autre, et du fleuve aux extrémités de la terre. *Zabur 72:8, An-Nabi Zacharie 9:10*	اَلْوَالِي
78. Al-Muta'ālī Le plus exalté	De sa haute demeure, il arrose les montagnes; la terre est rassasiée du fruit de tes œuvres. *Zabur 104:13, 46:10, An-Nabi Ayoub 22:12*	اَلْمُتَعَالِي
79. Al-Barru Le Charitable	Tu es juste, ô Éternel! Et tes jugements sont équitables. *Zabur 119:137, 142*	اَلْبَرُّ
80. At-Tawwābu Celui qui reçoit le repentir	Depuis le temps de vos pères, vous vous êtes écartés de mes ordonnances, Vous ne les avez point observées. Revenez à moi, et je reviendrai à vous, dit l'Éternel des armées. An-Nabi Malachie 3:7. Venez, retournons à l'Éternel! Car il a déchiré, mais il nous guérira; Il a frappé, mais il bandera nos plaies. An-Nabi Osée 6:1, Zabur 145:8, 80:4, Injil Romains 2:4	اَلتَّوَّابُ

85. Al-Muqsiṭu L'Équitable qui juge à la balance	L'Éternel vient pour juger la terre; il jugera le monde avec justice, et les peuples avec équité. *Zabur 98:9, 99:4*	اَلْمُقْسِطُ
86. Al-Jāmi'u Celui qui réunit	Il te rassemblera encore du milieu de tous les peuples chez lesquels l'Éternel, ton Dieu, t'aura dispersé. *Tawrat Deutéronome 30:3-4, Zabur 33:7, 147:2-3*	اَلْجَامِعُ
87. Al-Ghaniyyu Celui qui est riche	O profondeur de la richesse, de la sagesse et de la science de Dieu! *Injil Romains 11:33* Tous les animaux des forêts sont à moi, toutes les bêtes des montagnes par milliers. *Zabur 50:10*	اَلْغَنِيُّ
88. Al-Mughnī Celui qui rend riche	Tous les animaux des forêts sont à moi, toutes les bêtes des montagnes par milliers. *Zabur 65:9, 6-10, 10-14.* Tu visites la terre et tu lui donnes l'abondance, tu la combles de richesses. *An-Nabi Suleyman (Proverbes) 28:25, Colossiens 1:27*	اَلْمُغْنِي
89. Al-Mu'ṭī Celui qui donne	L'Éternel donne la force à son peuple; l'Éternel bénit son peuple et le rend heureux. *Zabur 29:11*	اَلْمُعْطِي
90. Al-Māni'u Celui qui empêche	Il retient les eaux et tout se dessèche; il les lâche, et la terre en est dévastée. *An-Nabi Ayoub 12:15.* Il ne refuse aucun bien à ceux qui marchent dans l'intégrité. *Zabur 33:10-11, 84:11*	اَلْمَانِعُ
91. Aḍ-Ḍārru Celui qui nuit	Il lança contre eux son ardente colère, la fureur, la rage et la détresse, une troupe de messagers de malheur. *Zabur 78:49, 78:40-51, 106:39-41,* *Tawrat Deutéronome 11:4-6.*	اَلضَّارُّ
92. An-Nāfi'u Celui qui fait profiter	Il m'est bon d'être humilié, afin que j'apprenne tes statuts. *Zabur 119:71.* Heureux tout homme qui craint l'Éternel, qui marche dans ses voies! *Zabur 128:1-4, 103:2, An-Nabi Jérémie 15:21, Tawrat Genèse 6:8*	اَلنَّافِعُ
93. An-Nūru La Lumière	Oui, tu fais briller ma lumière; l'Éternel, mon Dieu, éclaire mes ténèbres. *Zabur 18:28.* Tu mets devant toi nos iniquités, et à la lumière de ta face nos fautes cachées. *Zabur 90:8, 27:1, 37:6, 89:15*	اَلنُّورُ
94. Al-Hādī Le Guide	Voilà le Dieu qui est notre Dieu éternellement et à jamais; Il sera notre guide jusqu'à la mort. *Zabur 48:15, 31:3, 67:4, 73:24, 25:8,12*	اَلْهَادِي
95. Al-Badi'u L'inventeur L'incomparable	Quel dieu est grand comme Dieu ? Tu es le Dieu qui fait des prodiges. *Zabur 77:14-15, 40:5, 89:6,7*	اَلْبَدِيعُ

96. Al-Bāqī L'Éternel	Éternel! ton nom subsiste à toujours, Éternel! ta mémoire dure de génération en génération. Zabur 135:13, 33:11, 102:12,27, 111:3, Tawrat Genèse 21:33	اَلْبَاقِي
97. Al-Wārithu L'Héritier de tout	Lève-toi, ô Dieu, juge la terre! Car toutes les nations t'appartiennent. *Zabur 82:8*	اَلْوَارِثُ
98. Ar-Rashīdu Le Guide	Par ta miséricorde tu as conduit, tu as délivré ce peuple; par ta puissance tu le diriges vers la demeure de ta sainteté. *Tawrat Exodus 15:13, Zabur 85:14*	اَلرَّشِيدُ
99. Aṣ-Ṣabūru Le Patient	Le Seigneur ne tarde pas dans l'accomplissement de la promesse, comme quelques-uns le croient; mais il use de patience envers vous, ne voulant pas qu'aucun périsse, mais voulant que tous arrivent à la repentance. *Injil 2 Peter 3:9, 15, An-Nabi Joël 2:13,* *An-Nabi Néhémie 9:17*	اَلصَّبُورُ

Interprétation

A la lumière de l'usage des attributs divins par les gens du livre, il est possible d'étudier les attributs divins que renferme la constitution dogmatique Lumen Gentium du concile Vatican II de 1964 a énoncé ce qui suit :

« Enfin, **la Vierge immaculée**, **préservée** de toute tache de la faute originelle, au terme de **sa vie** terrestre, **fut élevée** à la gloire du ciel en son âme et en son corps et elle fut exaltée par **le Seigneur** comme Reine de l'univers afin de ressembler plus parfaitement à son Fils, **Seigneur des seigneurs** et **vainqueur** du péché et de la mort. »

— Constitution dogmatique Lumen Gentium sur l'Église, § 5916.

Donnée	Interprétation
la Vierge immaculée	Dans la Sourate 21 : AL-ANBIYA (LES PROPHÈTES) : Marie est désignée : « 91. Et celle [la vierge Marie] qui avait préservé sa chasteté ! Nous insufflâmes en elle un souffle (de vie) venant de Nous et fîmes d'elle ainsi que de son fils, un signe [miracle] pour l'univers. »
	La chasteté dévoile l'attribut al-Muhaimin alors que le rang du verset est déterminé par la valeur numérique de de l'attribut divin al- Malik. Par le souffle qu'elle reçoit, elle devient dépositaire de la manifestation de plusieurs essences des attributs divins : la vie par l'âme et la Vérité par la Parole. Le mystère de son élection singulière se dévoile par la sourate Maryam qui montre que la fitra et la préservation du dépôt par son titre et les éléments de son trinôme.
fut élevée à la gloire du ciel en son âme elle fut exaltée par **le Seigneur** comme Reine de l'univers	Dans la Sourate 3 : AL-IMRAN (LA FAMILLE D'IMRAN) : « 42. (Rappelle-toi) quand les Anges dirent : "ô Marie, certes Allah t'a élue au-dessus des femmes des mondes. »
	Le Paul VI est le 262e Pape. La moitié de la valeur 262 est la valeur numérique de la formule Wadūd la ilaha ila Houwa, soit 131, l'usage de l'attribut divin al-Al'a dont la valeur numérique est 110. Le 110e nombre premier est la somme de la valeur numérique de l'attribut divin al-Faatir et 311, le 64e nombre premier.

	311 est la valeur numérique de Ya Sin. La place de la sourate Ya Sin dans l'arrangement des sourates du Saint Coran, l'ordre chronologique 36, renvoie à l'attribut Rabi (Le Seigneur). L'affirmation selon laquelle « elle fut exaltée par **le Seigneur** comme Reine de l'univers » " est attestée, dans le Saint Coran, par : « "ô Marie, certes Allah t'a élue au-dessus des femmes des mondes. »
à son Fils, **Seigneur des seigneurs** et **vainqueur** du péché et de la mort	Dans la Sourate 3 : AL-IMRAN (LA FAMILLE D'IMRAN) : 45. (Rappelle-toi,) quand les Anges dirent : "Ô Marie, voilà qu'Allah t'annonce une parole de Sa part : son nom sera "al-Masih" "Hissa", fils de Marie, illustre ici-bas comme dans l'au-delà, et l'un des rapprochés d'Allah" .
	Le code « **Seigneur des seigneurs »** est à la fois un attribut divin et un horizon temporel par rapport à ce qui est désigné, dans le récit de l'Apocalypse, à la seconde venue de Jésus. Dans le Saint Coran, elle se manifeste dans le code en lettrine du premier et du quatrième verset : qui voile l'attribut Malikul Mulk, Roi des rois qui s'interprète aussi par le Seigneur des seigneurs. La trame de l'évolution historique montre que l'univers est une création et les évènements qui le peuplent résultent d'un ordre divin. L'Amérique est découverte en 1492 et l'an 1 de son indépendance se situe en 1777. A compter de cette date le retour de Jésus se situe à la 242e année ou à la 1492e année depuis le Maouloud à l'an -52 de l'Hégire. L'an -52 de l'Hégire se situe dans la 589e année à compter de la naissance de l'homme de gloire, Jésus. 589 est la valeur numérique de la formule la ilaha ila Fatah, la victoire. 242 est la valeur numérique de Malikul Mulk.

Toutes possibilités d'interprétation de la réalité se résument en deux sources : la Saint Coran et les expériences intimes des saints. Nous avons vu ci-dessus comment les expériences intimes de saints chrétiens peut-être confirmées par des aspirants de la spiritualité islamique.

A partir du Concile du Vatican II, ouvert le 11 octobre 1962 par le pape Jean XXIII et terminé le 8 décembre 1965 sous le pontificat de Paul VI, ce qui distingue l'aspirant de la spiritualité islamique à celui de voie chrétienne demeure le choix de leur monture dans la quête de la Proximité seigneuriale : l'espérance ou la crainte. Depuis, un millénaire du fait de l'influence indéniable de Ghazali[8] sur la quête spirituelle islamique, l'option des soufis musulmans demeure la crainte, là où l'Eglise opte pour l'Espérance.

L'Amérique

La découverte en 1492 et son indépendance comporte des signes en lien avec le retour de l'homme de gloire. L'indépendance des USA, portée par 13 Etats, se situe à 13 ans de la révolution française. Cette dernière intervient pendant la 298e année par rapport à l'arrimage de Christoph Colomb sur la façade Atlantique de l'Amérique du Nord.

Dans un intervalle fermé de 528 bornes, la 230e borde est, dans le sens inverse, la 299e borne. Les données 230 et 299 renvoient à la sourate ar Rahman dont la valeur numérique du titre est 299 alors que la somme des éléments de son trinôme donne 230.

La 230e année à compter de la révolution française est l'an Un à partir du retour de l'homme de gloire.

Le Brexit ou les revendications ouest-africaine des pays francophones relèvent des signes des signes de la fin des temps monde. L'aspiration à la liberté engage vers l'avènement à un monde plus juste qui se confond à la délivrance des peuples de toute forme de domination.

L'Ukraine et les foyers de guerre en Afrique de l'Ouest, ainsi que les tensions dans le Moyen Orient, décrivent une vaste étendue sur laquelle se consolide une guerre planétaire entre l'Occident et la Russie.

---

[8] Farid Jabre, 1970, Essai sur le Lexique de Ghazali (Contribution à l'étude de la terminologie de Ghazali dans ses principaux ouvrages à l'exception du Tahafut). Publications de l'Université Libanaise. Section des Etudes philosophique et sociales. 298 pages
Ce document se singularise par un éclairage conceptuel qui mobilise plusieurs dictionnaires, études et traductions.

623 ; L'année Une de l'Islam à Médine

La somme des valeurs numériques des attributs divins manifestes de la basmala donne 623. L'année 623 enregistre la première année révolue à Médine, le territoire de la révélation de 1623 versets regroupés dans 28 sourates.

L'an 623 enregistre le 53e anniversaire de Muhammad **- Que la Paix et le Salut soient sur lui-** à compter du Maouloud qui eut lieu à l'an - 52 de l'Hégire. La valeur numérique du nom par lequel Jésus désigne Muhammad **- Que la Paix et le Salut soient sur lui-**est 53.

La donnée Ahmad peut être comprise comme un horizon d'attente qui annonce l'hégire à 641 l'évènement. Son nom Muhammad est également un horizon d'attente qui désigne la période allant du Mouloud à la fin du califat Ali en 661.

La valeur numérique de Muhammad **- Que la Paix et le Salut soient sur lui-** est 92, la différence entre 661 et 569. A en croire à Voltaire, le Maouloud eut lieu le 5 mai 570.

L'an 623 est l'horizon d'attente temporelle de l'annonce de Jésus : la 53e année à partir de la naissance l'élu.

623 est la différence entre 1623 et 1000, la valeur numérique de l'attribut Mughni. La somme des valeurs numériques des trois attributs de la basmala donne 623. L'effectif des versets révélés à Médine fait 1623 versets regroupés dans 28 sourates.

La donnée 1236 est la somme de 403 et 623.

L'importance des données numériques

La détermination de beaucoup de choses qui se rapportent à Muhammad **- Que la Paix et le Salut soient sur lui-** utilise, la totalité ou une partie, des chiffres 2, 3 et 6.

La révélation du Saint Coran a duré 23 ans.

La vie du prophète a durée 63 ans.

Le mois de Chaabane est celui du prophète. Il se termine au 236e jour de l'an.

La première année du prophète à Médine s'est bouclée pendant l'année 623.

Le 27 Ramadan est le 263e jour de l'année du calendrier lunaire.

La fin de la révélation du Saint Coran a lieu pendant l'année 632.

Le Saint Coran renferme 6236 versets.

A quoi sert la connaissance de la valeur numérique ?

La valeur numérique permet d'extraire les évènements du hasard pour les rattacher à la nécessité. Elle permet de connaitre le sens des dates qui sont devenus des jours fériés.

Les cycles qui déterminent les subdivisions du temps renvoient à la manifestation d'essences divines. Le Créateur pose, Dans Sourate 18 : AL-KAHF (LA CAVERNE), le problème en ces termes :

« 9. Penses-tu que les gens de la Caverne et d'ar-Raquim ont constitué une chose extraordinaire d'entre Nos prodiges ?
10. Quand les jeunes se furent réfugiés dans la caverne, ils dirent : "ô notre Seigneur, donne nous de Ta part une miséricorde; et assure nous la droiture dans tout ce qui nous concerne".
11. Alors, Nous avons assourdi leurs oreilles, dans la caverne pendant de nombreuses années.
12. Ensuite, Nous les avons ressuscités, afin de savoir lequel des deux groupes saurait le mieux calculer la durée exacte de leur séjour. »

Ils s'agissaient de jeunes en quête de piété et de miséricorde. La réponse du Créateur précise : « Nous les avons ressuscités, afin de savoir lequel des deux groupes saurait le mieux calculer la durée exacte de leur séjour.»

Dans une approche extérioriste, il apparait les noms de Dieu Ba'ith et al-Hassib. Pour ce qui ont la guidée, ils verront que les trois cent neuf ans indique une durée de trois siècles du calendrier solaire.

Les savants verront que cette durée correspond à 3710 lunaisons et 22 jours. Les détenteurs de la science par Dieu interpréteront ces données pour trouver du sens à l'argent que détenaient les gens de la Caverne.

Les données 3710 et 22 sont respectivement le décuple de la valeur numérique de l'attribut Salam et le double de la valeur numérique de Houwa. Ces données sont, dans la pratique du Dhikr, des usages des attributs divins al–Mughni et al-Bassit.

Les données cachées de la basmala.

Elles peuvent faire l'objet d'un livre. Le lien entre la basmala et l'attribut arRahman établit une double passerelle. Les valeurs numériques des deux manches de la basmala sont respectivement les 80e et 114e nombres premiers soit les données 409 et 619.

La somme de 80 et 114 donne 194, valeur numérique de la formule ***la ilaha ila Aziz***. Le 194e nombre premier est 1181, la valeur numérique de l'attribut divin Ghafar. Les trois premiers versets de la sourate ar Rahman sont respectivement introduits par les attributs divins ar Rahman, al Alim et al-Khaliq dont la somme des valeurs numériques donne 1181. Le nombre sommatif qui dérive de 1181 est 1375, la valeur numérique de la formule ***Aziz la ilaha ila Ghafar***.

De la basmala, nous arrivons à la découverte de l'attribut du Pardon dans les trois premiers versets de la sourate ar Rahman.

Ar Rahman est l'un des attributs divins qui servent de titre à une sourate. Sa valeur numérique est 299. Son usage est la valeur numérique de l'attribut divin al-Malik soit 91. Du point de vue numérique, la valeur numérique des sept versets de la Fatiha font 9191. Nous verrons dans la deuxième partie que la somme des valeurs numériques des quatre premiers versets situe à l'an 2080 à partir de sa naissance le retour de l'homme de gloire. La valeur numérique de Jésus peut être considérée par trois valeurs selon les variantes de son écriture en arabe : 390, 391 et 392. La somme de 2080 et 391 donne 2471.

Donc la valeur 9191 est la somme de 2471 et 6720. Ces deux données révèlent, pour un initié qui sait interpréter, que la quête ultime de l'humanité est la paix qu'elle soit pour soi et pour la société. Ce qui distingue le musulman de tout autre adepte de religion monothéiste demeure qu'il a choisi la crainte pour la monture qui assure son retour vers le Seigneur là où d'autres adeptes ont choisi l'espérance avec tous les risques qu'elle comporte.

Deuxième partie : la Première sourate Fatiha

La Fatiha

La Fatiha est la cinquième sourate révélée sur les 114 sourates du Saint Coran après seulement la révélation de 147 versets regroupés dans quatre sourates précédentes. Al-Imam Mouhammad Ibn Abd al Wahab[9] s'est appuyé sur le Hadîth d'Abou Hourayra répertorié dans le Sahîh de Mouslim pour rapporter : « J'ai entendu, le messager d'Allah – Que le Salut et la Paix- , dire :

« Allah dit : J'ai divisé la prière entre Moi et Mon serviteur en deux moitiés, et à Mon serviteur ce qu'il aura demandé : Lorsqu'il dit « La louange est à Allah, le Seigneur des mondes »

Allah dit « Mon serviteur M'a loué. »

Lorsqu'il dit « Le très miséricordieux, Celui qui fait miséricorde » Allah dit « Mon serviteur M'a honoré. »

Lorsqu'il dit « Le Roi du jour du jugement »

Allah dit « Mon serviteur m'a glorifié.

Lorsqu'il dit « C'est Toi que nous adorons, et c'est à Toi que nous implorons l'aide. »

Allah dit « C'est entre Moi et Mon serviteur, et mon serviteur aura ce qu'il demande.

Et lorsqu'il dit « Guide nous dans le droit chemin, le chemin de ceux que Tu as comblé de bienfaits, pas celui de ceux qui encourent Ta colère ni celui des égarés. »

Allah dit « C'est à Mon serviteur, et il aura ce qu'il a demandé… »

Ce hadith montre la place cardinale de la Fatiha pour le musulman.

[9] http://bibliotheque-islamique-coran-sunna.over-blog.com/article-exegese-des-sourates-al-fatiha-al-ikhlas-et-des-deux-proctectrice-al-mou-awidhatayn-al-falaq-et-121522092.html

Les noms cachés de la Fatiha

La Fatiha comporte sept versets. Sa révélation commence par celle du 148e verset sur les 6236 versets. Le titre de la 48e sourate est un mot de la même famille que le titre de la première sourate. La basmala est une partie intégrante des versets de la Fatiha. Telle n'est pas le cas pour les 112 autres sourates qui la portent comme en tête.

Les éléments du trinôme de cette sourate sont 5, 7 et 1. Leur somme donne la valeur numérique de l'attribut Ahad. La singularité de cette sourate se manifeste également par la somme des éléments de son trinôme qui est la seule somme inférieur à 90. La seconde somme des éléments d'un trinôme inférieur à 100 est celle de la 3e sourate mecquoise avec 96. Cette sourate renferme 20 versets. 20, la valeur numérique al-Wadud, est la somme des nombre qui détermine les versets et l'ordre dans la révélation de la sourate qui déclenche le début de la révélation.

La Fatiha et la sourate Maryam

L'ordre du premier verset de la première sourate est 148 et la somme des éléments de ses trinômes 13. La somme de ces deux données montre la valeur numérique de al-Mani'ou, 161, la somme des éléments du trinôme de la sourate Maryam ou bien l'usage de l'attribut divin al khafidj.

Par-là, on voit que 161 est la valeur numérique de la formule jaculatoire ***Ahad la ilaha ila Madjid***.

La somme des valeurs numériques des deux premiers versets de la Fatiha est le décuple de 161. En effet, la somme de 1028 et 582 fait 1610.

La donnée 161 est la somme des éléments du trinôme de la sourate Maryam qui sont 19 pour l'ordre chronologique, 44 pour l'ordre dans la révélation et 98 pour le nombre des versets.

L'illustration parfaite du Jardin d'Eden est Maryam par les fruits dont elle fut gratifiée :

37. Son Seigneur l'agréa alors du bon agrément, la fit croître en belle croissance. Et Il en confia la garde à Zacharie. Chaque fois que celui-ci entrait auprès d'elle dans le Sanctuaire, il trouvait près d'elle de la nourriture. Il dit : "ô Marie, d'où te vient cette nourriture ? " – Elle dit : "Cela me vient d'Allah". Il donne certes la nourriture à qui Il veut sans compter. (Sourate 3 : AL-IMRAN (LA FAMILLE D'IMRAN))

Ce verset montre par le témoignage de la Parole le degré d'élection de Marie à qui une sourate entière est consacrée. La somme des valeurs numérique du titre de la sourate Maryam et les éléments de son trinôme donne la valeur numérique de la formule **la ilaha lila Rafi'ou (451)**.

Le symbole du mont des oliviers renvoie aux attributs divins al-A'ala et à la Lumière de la connaissance qui vient de la Fitra, la connaissance de soi, le dépôt qui nous est confié. Cette lumière provient de la niche de Yassin dont la valeur numérique est 311n le 64e nombre premier. La valeur numérique de l'attribut al Faatir donne 290 alors que le 110e nombre premier est 601. La différence entre 601 et 290 donne 311 alors 110 est la valeur numérique de l'attribut divins al-A'ala. L'usage de cet attribut est la valeur numérique de la formule **Wadud la ilaha ila houwa (131)**.

Dans le temps long, la différence entre le nombre d'année des deux calendriers est, par rapport à sa propre naissance, de 62 ans à l'année du retour de l'homme de gloire. Il se pourrait que la donnée 66 soit une asymptote. C'est-à-dire que la différence entre les deux calendriers ne dépasserait point 66.

Le 32e nombre premier est 131. L'annonce de Marie sur les signes qui caractérise la présence de l'homme de gloire eut lieu le 2 safar 1440. Ce jour est le 32e jour de l'année parce que le mois précédent a duré 30 jours. 32 est la moitié de 64, le nombre qui détermine l'effectif des versets de la sourate anNur. Le 64e nombre premier est 311.

311 est la valeur numérique de la formule **Allah la ilaha ila Muhaimin**. La niche 311 désigne le Saint Coran dont l'interprète fidèle est Muhammad- **Que la Paix et le Salut soient sur lui-** qui l'a reçu par le canal de l'Ange Gabriel. Le Saint Coran embarque des messages qui ne se connaissent que par l'expérience intime à travers d'autres créatures élues.

En ce sens, c'est le Saint Coran qui permet à l'homme d'explorer sa propre nature. Une fois que l'homme découvre sa mission, il passe d'un simple adorateur à un être qui s'engage pour un service au profit de l'humanité : tel est le sens du service universel.

Les moyens de l'interprétation

En interrogeant, le récit sur les prophètes Youssouf et Musa – **Que la Paix soient sur eux-**, on trouve que la compétence primordiale des envoyés portait sur l'interprétation des signes. Youssouf finit par interpréter sa vision des treize astres. Musa finit par rencontrer Qadir à l'endroit où le poisson reprit son cours dans l'eau. Dans le perfectionnement spirituel, les expériences intimes qui comportent des scènes de résurrection apportent à l'aspiration de la guérison.

L'assimilation des éléments sur lesquels repose l'acquisition de leur compétence s'opère par la collecte de signes et un parcours dont les éléments finissent par se relier pour développer chez l'aspirant une capacité d'interprétation.

Pour le prophète Youssouf **- Que la Paix soit sur lui -** , tout commence par une vision qui porte sur treize astres. Son parcours fait de lui un esclave et un prisonnier qui devient prince. Sa famille le rejoint par sa en Egypte et le sens de sa vision s'offre par une évidence. Le Soleil symbolise Jacob **- Que la Paix soit sur lui -**, la lune son épouse et les onze étoiles, ses frères.

Au-delà de la vision, la sagesse dévoile que la famille de Jacob se composait de quatorze personnes. La donnée 14 détermine l'ordre chronologique de la Sourate dédié à son grand-père Abraham. 14 détermine la valeur numérique de deux attributs divins qui sont al-Wajd et al-Wahab.

Dans le cas de Musa **- Que la Paix soit sur lui -**, le signe se manifeste en état de veille. Il ne s'agit pas d'une image onirique. Le Saint Coran rapporte dans la Sourate 18 : AL-KAHF (LA CAVERNE) :

63. [Le valet lui] dit : "Quand nous avons pris refuge près du rocher, vois-tu, j'ai oublié le poisson - le Diable seul m'a fait oublier de (te) le rappeler - **et il a curieusement pris son chemin dans la mer**".

Il est important de noter le signe pour Musa **- Que la Paix soit sur lui –** qui rapporte au thème de la résurrection par ce que le poisson séché « a curieusement pris son chemin dans la mer ». En ce sens, le signe se classe parmi les évènements qui résultent de la thématique de la résurrection dont les manifestations sont diverses : la vision d'une personne qui existait, la rencontre d'une personne qui existait, ... C'est de cela que relèvent les rencontres entre les apôtres avec le Christ et cela, bien après son ascension.

Ce thème est très présent dans l'Islam. Le prophète vit ces devanciers pendant son ascension.

Le parcours de Musa **- Que la Paix soit sur lui-** comprend les trois évènements qui sont la pirogue ébréchée, l'enfant tué et le mur édifié. On y voit les deux mouvements horizontaux et le mouvement vertical. Les deux mouvements horizontaux sont le déplacement sur l'eau et le déplacement sur terre.

Dans les trois espaces qui se rattachent à l'initiation à l'interprétation de Musa **- Que la Paix soit sur lui-** par Qadir se dévoilent trois attributs divins : al-Hayy, ad-Dar et al-A'ala. Quand le bateau est ébréché, Musa **- Que la Paix soit sur lui-** dit : « Tu as commis, certes, une chose monstrueuse ! ». Le prophète pensait à la vie des occupants du bateau parce qu'il dit : : "Est-ce pour noyer ses occupants que tu l'as ébréché ?. Ensuite, se produisit le deuxième signe et il dit à nouveau : : "As-tu tué un être innocent, qui n'a tué personne ?

Il est clair que le prophète ne pose que des questions mais il dévoile son impatience et cela lui est dicté par son logiciel. Le premier signe se rapporte à la vie tandis que le deuxième signe évoque à la fois la mort et la vie. Le troisième signe parle de la mort par ce le « mur, il appartenait à deux garçons orphelins de la ville».

C'est la désignation des bénéficiaires du trésor, par le mot « orphelins », qui convoque la vie après celle d'ici-bas.

A en croire à Iman Ghazali, « l'interprétation n'est pas un savoir obtenu par oui-dire comme le sens littéral immédiat" (5)((ih., III,20). Il est une explication spéciale, le dégagement d'une idée à partir d'une image.»[10]

Comment s'y prendre ?

Se donner les moyens d'interpréter les signes est la cause principale de la création des communautés de chercheur du Vrai. Pour l'essentiel dans les universités, c'est la vocation que se destinent les laboratoires. De nos jours, les entreprises ont des unités de recherche –développement d'une efficacité et d'une efficience redoutable.

En Islam, le premier devoir est la maitrise du Saint Coran. Il est la source de toute application suffisante des cinq piliers de la religion islamique. La maitrise du Saint Coran ne s'opère pas que par la connaissance de son sens littéraire. Le réarmement par la science est

---

[10] Page 16 in Faid Jabre, 1970, Essai sur le Lexique de Ghazali (Contribution à l'étude de la terminologie de Ghazali dans ses principaux ouvrages à l'exception du Tahafut). Publications de l'Université Libanaise. Section des Etudes philosophique et sociales. 298 pages

nécessaire. Les sciences exactes ou expérimentales voire sociales ou humaines sont nécessaires pour affiner la capacité d'interprétation.

Ensuite vient la connaissance des récits authentiques sur la vie, les faits et les interprétations du dernier des messagers.

Le Saint Coran et les Hadiths servent de sources d'énergie pour la guidée de tout aspirant qui souhaite s'engager dans une expérience intime pour la quête des grâces et de l'agrément.

La quête de soi ne peut-être envisager que par celui qui assure d'abord le minimum : se conformer aux prescriptions de base de l'Islam. C'est après ce conditionnement que l'ancrage dans la guidée, par des actes, destine à la piété et à la bienfaisance.

Les attributs divins et la récitation des sourates préparent le cœur, par la solitude et le confinement, à voir et à entendre. C'est le début d'un long voyage par une immersion en soi. Les collectes de données dans cet espace virtuel finissent par créer une relation qui permet d'établir des règles et des lois qui les gouvernent.

L'aspirant finit par entrevoir que les preuves qui vérifient ses découvertes peuvent se trouver dans la Parole, la mécanique céleste et aussi, l'interprétation exacte de ses propres images oniriques.

Les données des trinômes du Saint Coran et la connaissance des nombres premiers, ainsi que des usages et des valeurs numériques des nombres premiers, permettent d'affiner la capacité d'interprétation des signes.

Les exemples des parcours de Youssouf et de Musa – **Que la Paix soient sur eux**- montrent à suffisance qu'il est nécessaire de dater les états d'âmes et de conscience de l'aspirant.

Les noms de Dieu à partir du nom du messager Issa Ibn Maryam

Le nom de prophète Issa Ibn Maryam indique la date son retour. C'est l'interprétation des signes qui fait comprendre des informations similaires. La désignation de l'imam des messagers, par Ahmad, indique la rencontre des gens du Livre avec sa communauté pendant l'année 641 à compter de sa naissance de JC.

La valeur numérique du nom du messager Issa Ibn Maryam est 734, est la somme de 391 (Issa), 53 (ibn) et 290 (Maryam). Le premier mot qui introduit la basmala a comme valeur numérique la somme de 53 et 290, soit 343. 343 est la valeur numérique de la formule **Malikul Mulk la ilaha ila houwa**. A ce niveau, on voit que l'anthropomorphisme est un voile qui s'interpose dans la marche vers la foi certaine.

En évitant de créer un rapport entre les facteurs 391 et 343, on s'aperçoit que l'information réside dans la moitié de la donnée 734 : **Nuur la ilaha ila Houwa (367)**. Le prophète Isa est aussi qualifié comme Kalim, Ruh et Nuur de la divinité unique par la spiritualité islamique[11].

La différence de 734 avec la valeur numérique de al Wadud donne 714, la valeur numérique de la formule **Fatah la ilaha il houwa Jami**. En encapsulant la donnée 714 par le nombre de mot du nom, on obtient 717, un usage de l'attribut al Muhaimin, Celui qui préserve. Ce qui renvoie à « la Vierge immaculée, préservée ». Mais le Saint Coran est très précis sur cet aspect de la préservation de l'homme de gloire par une prière de sa grand-mère :

36. Puis, lorsqu'elle en eut accouché, elle dit : "Seigneur, voilà que j'ai accouché d'une fille"; or Allah savait mieux ce dont elle avait accouché ! Le garçon n'est pas comme la fille. "Je l'ai nommée Marie, et je la place, ainsi que sa descendance, sous Ta protection contre le Diable, le banni"

La valeur numérique de l'attribut al-Jami est 114. Le 114e nombre premier est 619, le nombre qui détermine la durée qui s'est écoulée entre le 6 février 2017 et le 17 octobre 2018. Le nom Issa[12] apparait sous trois formes d'écriture de sa dernière lettre, Sin.

[11] https://www.al-islam.org/fr/40-ahadith-les-exhortations-du-proph%C3%A8te-issa-j%C3%A9sus/ahadith
http://www.hadithdujour.com/hadiths/hadith-sur--Issa-Ibn-Maryam_1792.asp
https://l-islam.com/index.php/religion-2/le-dogmes-islamique/la-fin-du-monde/jesus
https://bibliotheque-islamique.fr/hadith/sommaire-al-boukhari/#here

[12] Les différentes écritures donnen respectivement au nom les valeurs numériques 390, 391 et 392.

Les noms cachés de la Fatiha

Les noms cachés de la Fatiha sont al-Malik , al-Mani et al Wadud.

1 Al-Malik (4)

L'approche traditionnelle

L'attribut Malik se définit comme le Possesseur de ce monde et cette appartenance implique, en réalité et en totalité, une Domination absolue qui est exempte de toute imperfection. La domination des créatures est créée par Al-Malik

Ecriture en arabe Al-Malik

الملك

3. Al-Mâlik

« Le Roi, le Souverain, Celui qui est Roi de tous les êtres. Il est le Propriétaire et le Prince de ce monde. Le monde Lui appartient en réalité et en totalité. Sa domination est absolue tout étant exempte de toute imperfection. C'est lui qui accorde aux créatures la domination.

Détenteur du pouvoir suprême et des pouvoirs de décision sur tous les êtres, c'est Lui qui est invoquée par tout le monde et il n'est gouverné par personne. »

2 Al-Māni‘ ‘

L’approche traditionnelle

Al-Māni‘ désigne Celui Qui destine à chaque créature ses victoires, ses protections. C’est Lui qui préserve toujours selon une destiné

Ecriture en arabe Al Mani

المانع

90 **Al-Māni‘**

« **L'obturateur, le protecteur, le Défendeur.** Celui Qui destine, à chaque créature, ses victoires, sa protection et les menaces dont elle devra être préservée toujours selon sa destinée. Celui qui détourne du mal, physique ou spirituel. Celui qui garde des situations préjudiciables. Celui qui empêche les actions indésirables. Celui qui empêche ou entrave l'action illicite. Celui qui arrête se qui nuit à l'autre. »

3 Al-Wadūd (48)

L'approche traditionnelle

Celui Qui destine des bienfaits spécifiques et les hauts degrés de l'honneur aux serviteurs pieux et crée des récompenses pour leurs actes de bien

Ecriture en arabe Al Wadud

الودود

48 Al-Wadūd

« Le Bien-Aimant, le Bien-Aimé, Celui qui aime. Celui qui est la source de tout amour et bonté. L'unique amour. Celui qui est le plus affectueux. Le Bien-Aimé. Celui qui est digne de tout amour et d'affection. Celui qui est le but de l'amour suprême. Celui qui aime Ses serviteurs dévoués, et qui est aimé par Ses serviteurs dévoués. Son amour pour Ses serviteurs est Sa volonté de Miséricorde et d'éloges. Puisque Sa signification est liée aux attributs de Volonté et de Parole (l'Attribut avec lequel Il ordonne et interdit et parle à Mohammed et Moïse – paix sur eux. Ce n'est ni un son, ni une lettre ou un langage) Celui Qui destine des bienfaits spécifiques et les hauts degrés de l'honneur aux serviteurs pieux et crée des récompenses pour leurs actes de bien. »

Une approche dynamique

La valeur numérique du code en lettrine AlifLamMim est 71, le quotient du rapport entre 355 et 5, est le 20e nombre premier. Le début de la vie terrestre de Muhammad- **Que la Paix et le Salut soient sur lui-** intervient au 71e jour de l'an. Le 12 rabi Awwal, l'anniversaire du Maouloud est le 71e jour de l'an. La manifestation de l'Ipséité sur terre indique l'écart 62 ans entre le calendrier lunaire et le calendrier solaire depuis la naissance de

Jésus au moment du retour de l'homme de gloire. A compter du Maouloud l'écart entre les deux calendriers est de 43 ans.

La somme des éléments du trinôme et du titre de la sourate Muhammad - **Que la Paix et le Salut soient sur lui**-fait 272, la valeur numérique de l'attribut al-Baçir dont l'usage est 174.

La sourate Muhammad- **Que la Paix et le Salut soient sur lui**- débute la révélation des 20 dernières sourates. Le 20e nombre premier est 71. La valeur numérique de l'attribut al Wadud est 20.

Dans l'écoulement du temps, le 12 rabi est le 71e jour de l'an. La valeur 71 est l'usage de l'attribut Qabid. Dans la construction, le toit représente la phase terminale. Cette idée de terminus est associée au rang de Muhammad - **Que la Paix et le Salut soient sur lui**-en tant que messager : le 313e messager. Le 65e nombre premier est 313.

C'est ce qui explique pourquoi l'ouverture de la porte 43 de l'enceinte scellée se situe au 65e jour de l'an 1439.

La différence entre 313 et la valeur numérique de Qabid donne la valeur numérique de la formule **la ilaha ila Wadud (120)**. La sourate Ma'idah renferme 120 versets. Dans une année abondante, le 313e jour est le début des 43 derniers jours. Les deux fruits de la vision du 17 Zul agda 1439 s'interprète par les attributs al Faatir et al-Mani.

Dans le parcours de l'aspirant Abd Rahman anNur Thani s'observe une durée de 249 jours qui a débuté au 65e jour et s'est terminé au 313e jour de l'an 1439. La vision des données du cœur s'est opérée au 75e à compter du début de l'écoulement des 249. Ce nombre détermine la somme des versets des sourates Ma'ida et Tawbah. La dernière sourate renferme 129 versets.

Les données 120 et 129 sont des usages du troisième attribut divin de la basmala et l'usage de la basmala. La somme des valeurs numériques de la basmala et de arRahim équivalent à la somme des valeurs numériques de Jibril (245), al-khalaqa (731) et u'mur (Actes, 310). Ce jour est la veille du 78e jour depuis l'exposition à la niche 92. Donc le 18 aout sera le 85e jour depuis la vision de l'affiche 78. Ce vendredi 18 aout 2023 est le 13e vendredi depuis l'affiche 78.

Le 18 aout 2023 est le 230e jour de l'an. Toutes ces données renvoient à l'architecture de la sourate Rahman. Cet horizon est le 98e jour dans le terminus 47, après l'accès à l'enceinte 46, la valeur numérique de l'attribut Waliy.

Le double de 46 est la valeur numérique de Muhammad- **Que la Paix et le Salut soient sur lui-**. Du Maouloud à la fin du Khalifa de Ali, il s'est écoulé 92 ans. La différence entre 2563 et 2471 donne 92.

Une station de l'observation renvoie à une altitude au niveau duquel le ciel est dégagé.

La basmala voile des essences divines tout comme elle en dévoile. Tout le discours sur le secret de la Fatiha peut-être, en partie, pénétrer par la connaissance des valeurs numériques des attributs divins. Cette connaissance permet d'aller de la valeur numérique des attributs divins à des formules jaculatoire

Comprendre l'alliance

Abraham - **Que la Paix soit sur lui-** conclut une alliance, avec le Seigneur, à la suite d'une requête qu'il formula au début du quatrième millénaire avant le retour de l'homme de gloire qui adviendra vers la fin des 21 derniers siècles. Dans la sourate Baqqarah, le 24e verset fait le résumé en ces termes :

124. [Et rappelle-toi,] quand ton **Seigneur eut éprouvé Abraham** par certains commandements, et qu'il les eut accomplis, le Seigneur lui dit : "Je vais faire de toi un exemple à suivre pour les gens".

Le retour de l'homme de gloire est au 7 Safar 2080 par rapport à sa propre naissance. Ce qui fixe l'apostolat du prophète Abraham - **Que la Paix soit sur lui-** vers1809 avant Jésus Christ - **Que la Paix soit sur lui-**. L'installation de sa famille en terre d'Arabie se situe alors dans la première moitié du 18e siècle avant JC.

La fin du Califat de Ali se situe vers la fin du 25e siècle depuis l'alliance alors que, sur cette échelle, le retour de Jésus est dans le 15e siècle de l'Islam.

Cette durée est encadrée par 4011, un nombre qui encadre 553 nombre premier. La niche Yassin est un code qui indique le 64e nombre premier. 64 détermine l'âgé de Muhammad- **Que la Paix et le Salut soient sur lui-** par le calendrier lunaire.

Newton désigne le retour de l'homme de gloire par la seconde venue. Dans le texte de Newton, cité ci-dessus en anglais, on comprend que le savant engage, par « devoir, l'Église avant sa seconde venue de comprendre les mêmes prophéties d'avance ». Il constate à son époque, à plus de trois siècles avant le retour, que la compréhension des prophéties de Daniel n'était pas encore accomplie. Newton avance : « ils avaient une certaine considération pour ces prophéties au point d'être dans l'attente générale de notre Sauveur au moment où il est venu, seulement ils n'étaient pas conscients de la manière de ses deux venues; ils comprirent la description de sa seconde venue, et se trompèrent seulement en l'appliquant au moment de sa première venue.»

Comme le dit Newton, l'enjeu demeure la connaissance de la « la manière de ses deux venues ».

La donnée 489, la valeur numérique de Fatah, est la différence entre 553 et 64. La valeur numérique de La ilaha ila Fatah est 589. Muhammad **- Que la Paix et le Salut soient sur lui-** est né le 12 rabi Awwal 589 par rapport à la naissance de Jésus. Cette naissance se situe à 1492 ans du 17 safar de l'an 1440 de l'Hégire.

La chute de grenade et la découverte de l'Amérique appartiennent à des évènements du chrono céleste. L'Amérique ne choisit par hasard l'année de son indépendance : 1776. C'est le début du compte à rebours des 243 ans pour l'année 2018.

Les données de l'alliance et la fin des temps

La valeur numérique de la basmala est 1028, la somme de 539 et 489. Le 539e nombre premier, soit 3889, détermine la durée de l'alliance à l'an 2080 à compter de la naissance de Jésus.

L'ordre chronologique de la sourate Abraham - Que la Paix soit sur lui- est la différence entre 553 et 539. 489 est la différence entre 64 et 553.

Il me semble que la donnée 114 indique l'écart entre le calendrier solaire et le calendrier lunaire pour toute la durée de l'existence des adorateurs.

Les 50 points de cet écart correspondent à la naissance de Jésus tandis que sa seconde venue se situe à un écart de 62 points de sa naissance. Ce mystère explique des durées des vies de Jésus et de Muhammad**- Que la Paix et le Salut soient sur lui-**. La vie de Jésus détermine l'écart d'un point et celle de Muhammad **- Que la Paix et le Salut soient sur lui-**les 64 points qui couvre une durée de 15 siècles. De l'unité à 114, 50 nombres inférieurs à 114 ne participent pas à déterminer l'effectif des versets d'une sourate.

Dans 300, il y a 62 nombres premiers. L'énoncé coranique qui pose la question de l'effectif des habitants de la grotte n'utilise que des nombres premiers : 3, 5 et 7. La durée de leur séjour est de 300 ans sur le calendrier solaire et 309 ans et 82 jours dans le calendrier lunaire.

Le 62e nombre premier est 293, le nombre qui détermine la somme des versets des deux premières sourates qui ouvrent le Saint Coran : une sourate mecquoise de 7 versets et une sourate médinoise de 286 versets. La valeur numérique de la formule *la ilaha ila Qabid* est 293. La durée d'une année abondante est de 355. Le nombre sommatif qui dérive de 293 est 355.

Dans l'écart entre les deux calendriers de l'alliance au Maouloud est de 69. Il est possible que la vision que la donnée de la vision du Magasin de Patoudé soit lié à cette durée : le 356e nombre premier. Dans l'histoire des gens de la Caverne figure la transmission d'une règle : la constante 0,97 pour passer d'une durée à l'autre sur les deux calendriers.

C'est justement ce qui peut expliquer pourquoi la sourate la Caverne occupe la 69e place dans la révélation. C'est-à-dire elle débute la révélation des 18 dernières sourates mecquoises. Son ordre chronologique est 18. Les données 69 et 18 se manifestent également dans les éléments des trinômes qui déterminent les sourates.

Dans l'effectif des 342 éléments des trinômes qui déterminent les 114 sourates figurent 92 nombres premiers dont les 69 déterminent que des sourates mecquoises. Ces 69 nombres premiers se répartissent équitablement entre les ordres chronologiques, les ordres dans la révélation et le nombre de versets. De l'unité à 114, seuls 69 nombres inférieurs à 114 participent à la détermination de l'effectif des versets d'une sourate. Ces 69 nombres déterminent le nombre de versets de 101 sourates.

32 sourates ont des effectifs de versets déterminés par des nombres premiers. Cette population de 32 nombres premiers se compose par 18 différents nombres. Ces 32 sourates renferment 1076 versets. Le nombre sommatif qui dérive de 919, le nombre qui détermine la somme des versets des quatre sourates les plus volumineuses, est 1076. La valeur numérique du cinquième verset de la première sourate est 1076.

Le symbolisme de la grotte c'est l'accès à la ténuité derrière laquelle se retranchent les données premières qui se dévoilent que par la vision ou par le calcul.

Le retour de l'homme de gloire

Ce retour n'est pas une présence à la suite d'une absence. Il était là parmi nous. D'ailleurs, il reçut l'aspirant et lui lava le pied à 160 jours de ce que l'aspirant retient comme la date du retour. Il lui offrit une tasse de lait et un billet de banque. C'était la nuit du 11 mai 2018.

Les quatre premiers versets de la sourate al-Fatiha informe sur l'année du retour par rapport à la naissance de Jésus : 2080. La valeur numérique du nom de Issa fait 391, la somme de la valeur numérique de l'attribut as-Salaam (la Paix) et l'attribut al-Wadud – l'Amour).

La somme des valeurs numériques des quatre premiers est la somme de 2080 et 391, soit 2471.

Le troisième verset a comme valeur numérique 619, le 114e nombre premier. La donnée 619 détermine la durée qui s'est écoulée du 6 février 2017 au 17 octobre 2018. La durée qui s'écoule, sur l'année 2018, est de 290 jours. La valeur numérique de Maryam est 290. Le 290e jour de l'an est le 17 octobre.

L'ouverture de la porte du cœur de l'aspirant s'est fait au 292e jour sur l'échelle des 619 jours alors que la fin de l'année 1439 se situe au 582e jour, à 37 jours du retour de l'homme de gloire. La donnée 582 est la valeur numérique du deuxième verset da la première sourate. Donc la donnée 582 est la somme des valeurs numériques des attributs divins al-Faatir et ar-Ra'oufoun. La donnée 37 est la valeur numérique de l'attribut divin al-Awwal. Le 114e nombre premier se dévoile alors comme la somme de 582 et 37.

La valeur numérique de al-Jami'ou est 114. Les différentes écritures du nom de l'homme de gloire produit des valeurs numériques qui varie de plus ou moins de l'unité par rapport à la moyenne 391. La valeur numérique la plus étendue du nom de l'homme de gloire est 392. Le 7 Safar 1440, le jour du retour, était le 392e à compter du début de l'année 1439.

La valeur minimale indique les moyens pour la connaissance de tout ce qui se rapporte à lui. La valeur numérique de la formule la ilaha ila Faatir est 390.

Le signe de Rois des rois

La basmala est introduite par un code en lettrine dont la valeur numérique est 342, la valeur numérique de la formule **la ila ilaha ila Malikul Mulk (342)**.

Nous avions vu que l'an 2018 se situe à 243 ans à partir de l'an 1776. La donnée 243 est une anagramme de 342. La somme des valeurs numérique de trois noms de l'élu (Ahmad, Muhammad et Mahmud) fait 243. Ce nombre est un usage de la formule qui ouvre la prière. La prière est rattachée à la donnée 50 dont l'addition à la valeur 342 donne la valeur numérique du nom du prophète Issa – Que la Paix soit sur lui-.

La valeur numérique de l'attribut **Malikul Mulk** ou du quatrième verset est 242. C'est l'interprétation exacte qui permet d'accéder à ses données qui relèvent de la **fitra** : la nature originelle. La donnée 50 rajoutée à 242 donne la valeur numérique de l'attribut ra'oufoun. Donc la valeur 392 est aussi la valeur numérique de la formule **la ilaha ila raoufoun (392)**.

En analysant la durée des 392 jours qui enjambent deux années, on remarque que les 102 premiers jours appartiennent à 2017 et les 290 derniers jours à 2018. Le nombre 102 détermine, en nombre d'années, la durée allant de la vision des trois bergers de Fatima au retour de l'homme de gloire.

La valeur numérique Amen est 102.

Cette analyse permet de comprendre que 342 est la somme de 102 et de 240, des usages respectifs des attributs al-Badi et ar-Rahim dont la somme des valeurs numériques permet de retrouver l'usage de l'attribut Ghaffur. 344 est la valeur numérique de la formule **Mu'ti la ilaha ila Samad (344)**. Donc l'usage de Tawab est la valeur numérique de la formule **latif la il aila Haqq(348)**.

La station de l'observation

Le qualificatif suprême

Allah a comme valeur numérique 66, l'usage de l'attribut al-Jabaru dont la valeur numérique est 206. La somme de la valeur numérique et de l'usage de l'attribut al-Jabaru fait 272.

Apprendre par la basmala

La valeur numérique de la basmala est 1028, le reste de la différence entre 1040 et 12. La donnée 129, la valeur numérique l'attribut al-Latif, la somme des nombres premiers inférieurs à 30, est l'usage de la basmala. Douze est l'usage de l'attribut divin arRahim. La somme des valeurs numérique de l'attribut al-Latif et ar-Rahim donne 387. La donnée 2671, transmise au début du parcours long, est le 387e nombre premier.

L'annonce du retour par Marie eut lieu au 387e à compter du début de l'année 1439.

La donnée 2671 est la somme de 200 et 2471. La valeur numérique des quatre premiers de la Fatiha fait 2471. La différence de 2471 et 2000 donne un reste qui renvoie à la sourate Yassin dont la valeur numérique du titre donne 311 alors que la somme des éléments de son trinôme fait 160.

Le jour où Jésus lava le pied de l'asipprant Abd Rahman anNur Thani se situe à 160 jours de la date que l'aspirant considère comme celle de son retour : le 17 octobre 2018. Donc le lavement de son pied droit eu lieu le 11 mai de la même année. La valeur numérique de l'homme de gloire Issa fait 392. La différence de 392 et 5 donne 387.

En 2018, le 11 mai était le 233e jour de l'an 1439. Sur le calendrier solaire, le 233e jour de l'an est 21 aout. Cette période en Israël coïncide avec le début de la récolte des dattes. D'après le Saint Coran, le début de la récolte du dattier est une indication par rapport à la naissance de l'homme de gloire[13]. Le 252e vers de l'ouvrage Massalik Jinan renseigne que l'ascension a lieu le jour de Assura. C'est indication aiderait à une détermination exacte de la date de naissance de Jésus.

[13] Au Sénégal, après le décès du Mahdi, alors que son héritier, Seydina Issa a 33 ans, ce dernier présidera la destinée de sa communauté pendant 40 ans. Son décès a lieu le jour du 40e anniversaire du déces de son p_re qui eut lieu le 21 aout 1909. L'indication que l'aspirant Abd Rahman anBur Thani dispose sur ce sujet explique la question de l'héritage des saints.

La rencontre mariale qui eut lieu le 12 octobre 2018 se situait à 387 jours du début de la dernière année par rapport au 2 Safar 1440. Ce qui place le 17 octobre 2018 au 392e jour depuis le début de l'année 1439 de l'hégire. Le vendredi 10 muharram – 639 de l'Hégire serait la date de naissance de Jésus.

La manifestation de l'Ipséité par les trois attributs divins qui sont asSalam, anNur et al Hamid font de la conception ternaire de la divinité la réunion des signes du retour de l'homme de gloire.

Dans l'expérience intime de l'aspirant, la manifestation de l'Ipséité s'est opérée le vendredi 16 Muharam 1442 soit le 371e jour depuis le début de l'année 1441. Or cette date se situe à 339 jours de la fin de l'année 1441. Cette manifestation de l'Ipséité se situe à 689 jours du 17 octobre 2018. La date du 17 octobre 2018 est à 892 jours de la rencontre de Kaolack du vendredi 26 mars 2021.

Ces évènements représentent le code du Saint Coran à travers la citation de l'abeille et du moustique. De la rencontre mariale à la rencontre de Kaolack, il y a 897 jours soit 129 vendredis. En effet du verset 68 de la sourate les abeilles au verset 26 de la sourate La vache, il ya 897 versets. Le tiers de 987 est la valeur numérique de l'attribut divin ar Rahman.

Le nombre 1040 détermine le nombre de rotations de la terre allant du 6 février 2017 au 12 décembre 2019. Nous sommes dans la semaine dans laquelle les premiers cas de la covid sont déclarés à Wuhan.

La station de l'observation

Quand une donnée s'appréhende par trois perspectives différentes alors on peut en déduire qu'elle a atteint un niveau d'assimilation qui permet le déploiement d'un processus itératif de production de savoir.

La somme de l'usage et de la valeur numérique de l'attribut Jabaru fait 272.

La somme de la valeur numérique du titre et des éléments du trinôme de la sourate Muhammad- **Que la Paix et le Salut soient sur lui-** donne 272.

La somme des valeurs numériques des attributs al-Malik, an-Nafi' et al-Wadud donne 272, la valeur numérique al-Bassir

La donnée 272 est aussi le double de la valeur numérique de l'attribut divin al-Mumin dont la valeur numérique est 136, le double de 68.

230 est l'usage de l'attribut al-Mumin.

L'interprétation : une capacité de mise en cohérence

Le 11 mai est l'anniversaire de la mort de certains inspirateurs du panafricanisme que sont Omar Blondin Diop et Bob Marley. Le 11 mai se trouve à 160 jours du 17 octobre 2018. Ils quittèrent respectivement ce bas monde en 1973 et 1981. Bob Marley est né le 6 février 1945 alors que Omar blondin Diop est né le 18 septembre 1946.

Les saints, ces héritiers des prophètes et les savants, sont les docteurs des cœurs. La fin des temps correspond aux temps de l'Afrique, un nom qui dériverait vraisemblablement du mot arabe Ifriq, le verbe déverser qui introduit la prière des savants égyptiens qui furent crucifiés après leur allégeance aux prophètes Moussa et Aron. L'évènement se situerait au milieu dans les cinq premiers siècles de l'alliance du prophète Abraham - Que la Paix soit sur lui- qui adressa sa requête après ses épreuves du 10 zul hijja et du supplice du feu qui lui réservèrent un sort adouci. Le symbole de cette alliance indique la direction de la prière.

La noirceur de la Kaaba rappelle l'appel de la prière, sur son toit, de Bilal et cela, juste après l'entrée victorieuse des musulmans à la Mecque. En terre africaine, le Pharaon décima l'intelligentsia avant d'entrée le reste de son entourage dans les flots de la mer rouge. La renaissance de l'Afrique passera par une gouvernance vertueuse qui se fond sur les valeurs de l'Islam, entendu dans le sens de la religion transmise par les prophètes du premier au dernier.

Le retour de Jésus et la renaissance Africaine

Le retour de Jésus se situe à 243 ans de l'indépendance des USA. La découverte de l'Amérique en 1492 fut un indicateur du compte à rebours. Le retour de Jésus se situe dans le premier tiers temps du VIe siècle, plus précisément à la 527e année à partir de 1492.

La donnée 243 est la somme des valeurs numérique des trois noms de l'élu qui sont Ahmad (53), Muhammad (92) et Mahmoud (98). Le retour de Jésus correspond à la délivrance d'un enseignement sur la pratique du Dhikr en lien avec la mention du nom du Seigneur.

Le 7 safar 2080 par rapport à la naissance de Jésus, qui se situe à l'an -640 de l'Hégire, intervient à l'an 1492 à compter du Maouloud ou à l'an 1440 de l'Hégire. Cette date est le 17 octobre 2018.

Auparavant, l'homme de gloire lava le pied l'apôtre Abd Rahman anNur. C'était le 11 mai à 160 jours de la date de la seconde venue qui est une exposition à l'essence divine de l'attribut divin anNur.

C'est par le changement de référentiel que des possibilités s'offrent dans l'interprétation des évènements de l'enceinte scellée.

Les données 619, 392, 37 et 160 sont associées au Saint Coran. Elles sont les valeurs numériques respectives du troisième verset de la première sourate, du nom de Jésus et de l'attribut divin al-Awwal. La somme des éléments du trinôme de la sourate Yassin donne 160.

Le 17 octobre 2018 est le 619e jour à partir du 6 février 2017, jour anniversaire de Bob Marley qui délivra le message de l'unité africaine. Ses héritiers africains sont Alpha Blondy et Tiken Jah Facoly.

Il est établi que l'espérance et la crainte sont des montures qui mènent jusqu'à la proximité Seigneuriale. Abd Rahman anNur Thani atteste qu'il tient cette vérité de Marie – **Que la paix soit sur elle-** que l'option des chrétiens porte l'espérance. Nous savons que le modèle sur lequel porte le choix des croyants musulmans, pour le développement spirituel, demeure la crainte.

Cette guidée vers la connaissance de soi se fait avec la basmala par la mention. Depuis David, les Ecritures Saintes renferment des mentions qui attestent une connaissance approfondies de la basmala dont la valeur numérique correspond à la somme des valeurs numériques des attributs al-Adjim et al-Haqq :

* **34. Al-'Aẓīmu**[14] Il a envoyé la délivrance à son peuple, Il a établi pour toujours son alliance; son nom est saint et redoutable. Zabur 111:9, 63:2, 68:35, 99:3
* **52. Al-Ḥaqqu** La Vérité Enseigne-moi tes voies, ô Éternel ! Je marcherai dans ta fidélité. Dispose mon cœur à la crainte de ton nom. Zabur 86:11, 25:5, An-Nabi Esaïe 65:16

Le sens que les Psaumes donnent aux attributs divins, cités ci-dessus, montre, à suffisance pourquoi les Hadiths rapportent la qualité de l'adoration du prophète-roi. Il s'y ajoute que le Saint Coran témoigne de la mention de la basmala par le prophète Salomon.

Un verset de la Sourate 27 : AN-NAML (LES FOURMIS) atteste quen David et son fils, ces deux prophètes étaient des serviteurs croyants : « *Nous avons effectivement donné à David et à Salomon une science; et ils dirent : "Louange à Allah qui nous a favorisés à beaucoup de Ses serviteurs croyants*". » En outre, la même sourate atteste de la mention de la basmala par *Salomon* à travers un témoignage de la reine de Saba : « *Elle vient de Salomon; et c'est : "Au nom d'Allah, le Tout Miséricordieux, le Très Miséricordieux*, (Verset 30).»

L'histoire situe l'apostolat du prophète *David* et de son fils, prophète-roi, au début du millénaire avant Jésus Christ. Les noms de *David* et Salomon renvoient aux attributs divins al-Wadud et as Salam dont la somme des valeurs numériques donne la valeur numérique du nom de Issa Aleyhi Salam.

Dans le devenir de l'Afrique, il y a le retour de l'ascenseur par le rôle de la mère du prophète Ismaël et de la reine de Saba dans l'édification des peuples arabes et juifs. C'est vers ces peuples que ce trouvent des niches de lumières à explorer pour la renaissance africaine.

Le seul modèle pour l'Afrique est les Etats-Unis d'Amérique. Et dans le développement de l'Afrique, seule la démocratie peut mobiliser les peuples des diasporas africaines.

[14] Mōdibbo Abdu-Injīru, Malam Sirāja, et Malam Rashīda, 2011, *Les 99 noms de Dieu dans les Tazrat, Zabur et Injil*, Copyright © 2011, 2015 par EPIC
Tawrat: Le Pentateuque (Genèse à Deutéronome), Zabur: Le Livre des Psaumes, Injil: Le Nouveau Testament

Application de la méthode à une expérience intime

Pour comprendre l'invisible, il faut s'y prendre avec l'expérience que les scientifiques ont de l'analyse ou des informations qu'ils peuvent tirer des cartes satellitaires. Mieux, il faut réfléchir par rapport à ce que la technologie permet avec les réseaux de communication 5G et les plateformes électroniques interconnectées dans les guerres, la lutte contre le covid 19 en Chine, les opérations des drones dans les guerres,...

Le 12 octobre 2018

Juste après la prière du vendredi, Marie exposa, devant une foule d'insoucieux d'une cinquantaine de personnes, les signes du retour de l'homme de gloire. Une partie des récits de la tradition chrétienne et islamique se confirme mais l'essentiel des envolées littéraires qui décrivent la fin des temps s'écroule.

Il existe une double signification de son retour en lien avec la prière. Le premier sens se rattache à la salat de Icha. Le second sens concerne les premières heures du vendredi.

Les évènements qui indiquent le virage se composent essentiellement par l'abdication de Benoît XVI, la crise de l'éducation du fait de l'acculturation qui résulte d'Internet et l'emprise du monde par une gouvernance qui se détourne des promesses qui régissent le vivre ensemble. Dans son discours, elle annonça la bonne nouvelle avec un double message.

Le résumé d'un parcours spirituel

Les aspirants sont à la recherche d'une station où aucun voile ne s'interpose entre leur cœur et les manifestations du Réel qui s'y opèrent. L'expérience intime trouve son explication dans la vie des prophètes. Elle permet, à l'être, de se connecter à un canal qui lui offre la connaissance de la miséricorde qui préside à la gouvernance des créatures. Ce state est précédé par un long parcours avant que l'aspirant foule de plein pied l'enceinte scellée.

L'enceinte scellée désigne les évènements qui se manifestent exclusivement dans la vie des croyants, des savants ou des anges. Le reste des êtres n'y accède que par le partage. Ce n'est pas par hasard que la sourate Maryam compte 98 versets. Cette donnée renvoie à la 98e sourate de l'arrangement du Saint Coran, Sourate : AL-BAYYINAH (LA PREUVE), qui comporte : « Allah les agrée et ils L'agréent. Telle sera [la récompense] de celui qui craint son Seigneur. »

L'Islam ne récuse pas les gens du livre. Il s'est prononcé sur certains parmi eux :, « 1. Les infidèles parmi les gens du Livre, ainsi que les Associateurs, ne cesseront pas de mécroire jusqu'à ce que leur vienne la Preuve évidente : »Qu'Allah accorde à ce livre le bienfait d'éclairer les infidèles et les associateurs.

179. Nous avons destiné beaucoup de djinns et d'hommes pour l'Enfer. Ils ont des coeurs, mais ne comprennent pas. Ils ont des yeux, mais ne voient pas. Ils ont des oreilles, mais n'entendent pas. Ceux-là sont comme les bestiaux, même plus égarés encore. Tels sont les insouciants.
180. C'est à Allah qu'appartiennent les noms les plus beaux. Invoquez-Le par ces noms et laissez ceux qui profanent Ses noms : ils seront rétribués pour ce qu'ils ont fait. ? .
181. Parmi ceux que Nous avons créés, il y a une communauté qui guide (les autres) selon la vérité et par celle-ci exerce la justice.
182. Ceux qui traitent de mensonges Nos enseignements, Nous allons les conduire graduellement vers leur perte par des voies qu'ils ignorent.
183. Et Je leur accorderai un délai, car Mon stratagème est solide !

En effet, les fidèles parmi les gens du livre ont opté pour l'espérance à la différence des musulmans dont la monture est la crainte. Le verset ci-dessous dit que les fidèles parmi les gens du livre croient. C'est pourquoi le Saint Coran rappelle, dans la Sourate 7 : AL-ARAF, verset 159 : « Parmi le peuple de Moïse, il est une communauté qui guide (les autres) avec la vérité, et qui, par-là, exerce la justice. » Dans la même sourate, la Parole témoigne, dans le verset 168 : « Il y a parmi eux des gens de bien, mais il y en a qui le sont moins. Nous les avons éprouvés par les biens et par des maux, peut-être reviendraient-ils (au droit chemin). »

Pour les chrétiens, la Parole associe leur élite, les « prêtres et des moines » à des guides qui « et qu'ils ne s'enflent pas d'orgueil», Sourate 5 : AL-MA-IDAH (LA TABLE SERVIE). Le Seigneur réserve ces qualités essentielles aux croyants et aux anges. Les passages ci-dessous indiquent les sources dans le Saint Coran :

Sourate 5 : AL-MA-IDAH (LA TABLE SERVIE)
82. Tu trouveras certainement que les Juifs et les associateurs sont les ennemis les plus acharnés des croyants. Et tu trouveras certes que les plus disposés à aimer les croyants sont ceux qui disent : "Nous sommes chrétiens." C'est qu'il y a parmi eux des prêtres et des moines, et qu'ils ne s'enflent pas d'orgueil.
83. Et quand ils entendent ce qui a été descendu sur le Messager [Muhammad], tu vois leurs yeux déborder de larmes, parce qu'ils ont reconnu la vérité. Ils disent : "ô notre Seigneur ! Nous croyons : inscris-nous donc parmi ceux qui témoignent (de la véracité du Coran).

Sourate 16 : AN-NAHL (LES ABEILLES)
48. N'ont-ils point vu que les ombres de toute chose qu'Allah a créée s'allongent à droite et à gauche, en se prosternant devant Allah, en toute humilité ?
49. Et c'est devant Allah que se prosterne tout être vivant dans les cieux, et sur la terre; ainsi que les Anges qui ne s'enflent pas d'orgueil.
50. Ils craignent leur Seigneur, au-dessus d'eux, et font ce qui leur est commandé.
51. Allah dit : "Ne prenez pas deux divinités. Il n'est qu'un Dieu unique. Donc, ne craignez que Moi".
52. C'est à Lui qu'appartient ce qui est dans les cieux et sur la terre; c'est à Lui que l'obéissance perpétuelle est due. Craindriez-vous donc, d'autres qu'Allah ?
53. Et tout ce que vous avez comme bienfait provient d'Allah. Puis quand le malheur vous touche, c'est Lui que vous implorez à haute voix.

Sourate 32 : AS-SAJDA (LE PROSTERNATION)
15. Seuls croient en Nos versets ceux qui, lorsqu'on les leur rappelle, tombent prosternés et, par des louanges à leur Seigneur, célèbrent Sa gloire et ne s'enflent pas d'orgueil.

Ces versets attestent les propos de Ghazali qui montre que l'espérance et la crainte sont les deux ailes par lesquelles les aspirants se lance vers la Proximité Seigneuriale. C'est l'exclusion de l'espérance par certains qui a jeté, pour eux, les voiles sur le sens des versets cités ci-dessus. Il faut savoir que la malhonnêteté intellectuelle est une forme de corruption qui s'est tardivement inscrit dans l'univers des intellectuels. C'est dans les écrits de Voltaire qu'on trouve que la date du 12 rabi -52 correspond au 5 mai 570 : le Maouloud. Les études qui me servent de livres de chevet sur Ghazali sont produits par des intellectuels[15] que le Saint Coran désigne par les Gens des livres.

L'élite musulmane ne connait pas mieux que les autres communautés de fois l'interprétation des signes de la fin des temps. Ce que l'aspirant Abd Rahman anNur Thani en détient relève d'une transmission par des visions et des rencontres. Tout comme lors de la première venue, pour la seconde venue : Marie – Quel Paix soit sur elle-demeure la porte. L'aspirant affirme avoir reçu pendant une durée de 37 vendredis sur les 42 vendredi qui jalonnent la durée allant du vendredi 22

[15] Farid Jabre, 1970, Essai sur le Lexique de Ghazali (Contribution à l'étude de la terminologie de Ghazali dans ses principaux ouvrages à l'exception du Tahafut). Publications de l'Université Libanaise. Section des Etudes philosophique et sociales. 298 pages **&** Mōdibbo Abdu-Injīru, Malam Sirāja, et Malam Rashīda, 2011, *Les 99 noms de Dieu dans les Tazrat, Zabur et Injil*, Copyright © 2011, 2015 par EPIC
Tawrat: Le Pentateuque (Genèse à Deutéronome), Zabur: Le Livre des Psaumes, Injil: Le Nouveau Testament

décembre 2017 au vendredi 12 octobre 2018 des décharges électriques dans le cerveau pendant les prières de vendredi. Pour le dernier vendredi de l'an 1439, la décharge fut si violente qu'il se retrouva assis pendant toute la première raka'at.

Il existe une réalité sur laquelle se fonde toute interprétation de la Parole. La découverte des versets ci-dessus est inspirée par Marie à travers des visions et une rencontre. Le jour de sa rencontre le 12 octobre 2018 était le 32e jour de l'an 1440 de l'Hégire. Au 585e jour à compter de sa rencontre, le 262e jour de l'an 1441, s'opère une deuxième vision, à cinq jours de la première. Cette deuxième vision se situe à 112 de la vision du 18 muharram 1442 qui dévoile et voile un nom divin. C'est une moustiquaire et une colonie d'abeilles qui sont les signes pour accéder au nom voilé.

Une autre vision s'opère à 54 jours de celle du 18 muharram 1442 qui se situe à 125 jours de la dernière vision de l'année 1442. Cette dernière vision est à 41 jours de la rencontre de Kaolack. C'est curieux de constater que le 41e nombre premier est 179, le nombre qui détermine le 1 rajab parmi les jours de l'année 1442. En clair, le 1 rajab 1442 est le 179e jour de l'an.

Les visions voilent ou dévoilent des manifestations d'essences divines par les noms d'Allah que l'on peut trouver par la médiation des métadonnées qu'elles embarquent. Le tiers de 897 donne la valeur numérique de l'attribut divin ar Rahman. Dans la révélation, il est révélé 897 versets en partant du verset qui cite l'abeille à celui qui cite le moustique au 26e verset de la première sourate révélé à Médine.

Voir dans l'invisible appelle au recours à la science. Au-delà de l'exploration et des découvertes, il y a des règles à trouver afin d'accéder aux clés qui ouvre les espaces d'exposition au Réel. Du 12 octobre 2018 au 31 janvier 2021, il s'est écoulé 843 jours dont les 9 derniers jours bouclent une durée de 120 vendredis.

Du 25 zul Hijja dernier au 10 Juamad 1442, il s'est écoulé 250 jours : l'échéance du 259e jour depuis le 25 zul hijja est le 843e jour depuis la rencontre mariale. Cette dernière eut lieu au 453e jour à compter du 22 shawwal 1438 donc le retour de l'homme de gloire se situe au 458e jour sur cette échelle.

Le 22 shawwal est le début des 66 derniers jours de l'an et à l'an 1438, c'était le 91e jour à compter du voyage en mer. 156 est la somme de 66 et 90. Diamiou ilaha ila houwa hakimoul Alimou (453), en lien avec le verset 6 sourate 27. Cette référence montre que la requête est faite à Touba au 162e jour du parcours restreint. La somme de 94 et 156 donne 250.

Le 12 octobre 2018 était le 32e jour de l'an 1440. La somme de 12 et 32 donne 44, usage de 312. Les nombres 12 et 32 renvoient respectivement aux attributs divins ar-Rahim et al-Kabir. 614 est la somme de 44, 312 et 258. Le nombre 35 s'associe avec les attributs Faatir, haqq et Moumin. La somme des quatre données donne 569 la durée en terme de rotation qui sépare la naissance de l'homme de gloire de la meilleure des créatures. L'hégire eut lieu 53 ans à partir du Maouloud. Cette même durée est de 641 ans selon le calendrier lunaire à compter de la naissance de Issa Ibn Maryam.

La fin de la révélation du Saint Coran, de la Parole, s'opéra selon ce référentiel à l'an 652. C'est sur cette échelle que le retour de l'homme de gloire se situe à l'an 2080, au 37e jour de l'an. Le Créateur (290) est le premier (37). L'usage de l'amour qui accorde la Paix (133) est la somme de 290 et 37, soit 327. 614 comme manifestation de la Lumière est la rencontre du 12 Octobre, le 32e jour de 1440, de la durée du parcours restreint au moment de l'annonce de la nomination et du retour de l'homme de gloire. Le retour au 37e jour et la nomination au 56e jour de l'an. Ces deux dates renvoient aux intitulés des grades : le service pour le Tout-Miséricordieux et l'Amour. La somme des nombres 37 et 56 donne 93, c'est au 93e de l'année précédente, à 319 jours de la nomination que le première rencontre est fait le 4 Rabi Thani de 1439. La lumière résulte de Allah latif : 319 est la somme de 295 et 24.

12 jumad 2- 1442. A l'emplacement où s'opéra la vision du 124, j'y trouve le code 319. La somme des nombres 124 et 319 donne 443 or 319 est la somme de 227 et 92. Hier, j'ai vu la bergère : « *je ferai mais promenade le jour afin de voir mes chèvres.* » Et pourtant sa visite avait lieu le jour au 43e vendredi à compter de la rencontre du 4 rabi 2 - 1442. Les 37 vendredis qui appartiennent à l'an 1439 se sont produits en 260. La rencontre mariale[16] eut lieu au 35e jour, après la dernière décharge, le 12 octobre 2018. Il se peut que l'explication de la synesthésie explique les connexions.

[16] S'il existe une preuve externe à la rencontre mariale de l'aspirant Abd Rahman an Nur ce sont les madones noires en Italie : Notre-Dame de Lorette, ou la Vierge Laurétane,...

Les grades de l'aspirant

Un parcours spirituel est parsemé d'épreuves et de grâces.

Les rattachements des causes de ce qui arrivent à un aspirant finissent par se détacher des agents seconds c'est-à-dire les moyens par lesquels l'aspirant subit le mal qui l'atteint ou acquiert le bienfait dont il bénéficie. C'est tout le sens du 256e verset de la sourate vache : la perfection ultime se consacre par l'ingratitude au diable.

Les grâces sont, pour l'essentiel, des savoirs ultimes, des grades et des reliques. Les savoirs ultimes représentent ce que Musa – Que la Paix soit sur lui- reçut de sa rencontre avec Qadir ou ses deux tablettes, les deux parties du cœur illuminées, l'une par la prophétie en tant que science et l'autre, par la guidée qui mène à la station du Pardon.

Les grades sont liés aux essences divines. En observant le nom des prophètes, il est possible de de découvrir leur service. Cet aspect est ce qui explique des noms d'accomplissement comme Abd Qadir ou as-Saddiq. Ces deux noms sont assez illustratifs de l'héritage des saints. Les reliques sont des dons comme l'argent des habitants des gens de la caverne. Elles ont une fonction symbolique et elles attendent une interprétation. Quelques évènements du parcours de l'aspirant sont répertoriés ci-dessous :

mercredi 20 septembre 2017	Durée	Evènements	Grade
vendredi 22 décembre 2017	93	Annonce de abdel kabir	Abdel lah
vendredi 30 mars 2018	191	1er T-shirt	Abdel kabir
dimanche 8 avril 2018	200	3e T_shit et feuille de route	
vendredi 11 mai 2018	233		
dimanche 3 juin 2018	256	18 Ramadan	
mercredi 20 juin 2018	273	6 Shawwal _ Eventail	
dimanche 24 juin 2018	277	10 Shawwal Eventail -Mission	
mercredi 27 juin 2018	280	13 shawwal	
lundi 2 juillet 2018	285	18 shawwal +	
vendredi 13 juillet 2018	296	29 shawwal – Eventail – 18 jui	
dimanche 29 juillet 2018	312	Muhammad jr	
vendredi 12 octobre 2018	102	Maryam	A partir du 286ejour 1439
mercredi 17 octobre 2018	5	Issa Nurrullah	
dimanche 25 novembre 2018	39	Muhammad r	
mercredi 20 février 2019	87	Issa Prêche	
samedi 1 juin 2019	101	Abderrahmane AnNour Thani	

Pendant le parcours, après l'attestation qu'un serviteur est véridique, il s'ouvre devant lui des services qui s'attachent aux essences des attributs divins : AbdAlLah, AbdAlLah Al-Kabîr, Abd arRahman anNuur Thani et Mounirou Abd A- Wadūd. Entre les derniers titres, il s'est écoulé 52 cycles de 13 jours. La somme des valeurs numérique de ses attributs donne le produit de 8 et 197 ou la somme de 142, 405, 633 et 396, soit 1576.

Il s'agit d'une durée étalée sur 5 ans.

La vision du 8 jumad 2, 1442 : la Kaaba et la donnée 10000

Depuis le 25 Zulhijja 1441, ce jour est 253e jour, 253 est le produit de 11 et 23. Il me revêt par le manteau 23 avant d'en donner un sens 247 jours après. Depuis le 12 octobre 2018, ce jour est 837e jour. La somme de 290 et 837 donne 1127. *La ila ilaha ila fatir* (390) : un enseignement profond de l'unicité par la basmala.

Ce jour est le seizième jour après les 912 jours qui suivirent les 18000 premiers jours de la vie de Mounirou Abdoul Wadūd, une autre appellation de l'aspirant. La deuxième semaine à accueilli l'arrivée au terminus 47. De manière pratique le nombre de mois d'un siècle est la somme de 203, 129, 709 et 195. 1237 est une asymptote. Ces données se rapportent à la rencontre mariale : le verset 19 sourate 42 est l'élixir. Du 12 octobre 2018 au 26 janvier 2021, il y 838 jours. Ce 160e jour est le début des 61 jours pour atteindre les 898 jours depuis le 12 octobre 2018.

La finalisation de cet ouvrage intervient dans dans la 2838e semande la vie de l'aspirant.

Fatah est un attribut divin. Sa valeur numérique est 489, le triple de 163, un nombre premier. 163 est la somme de 90 et 73, les valeurs numériques respectives des attributs Kamal et Jalil. Le nombre sommatif qui dérive dz 163 est le nombre 201, le rang du nombre premier 1229, un nombre qui détermine l'effectif des nombre premier dans 10000.

Cette donnée produite dans la vision du Dahra permet de comprendre la lumière de l'Amour[17] comme la somme de 27, 33 et 11. Les données 33 et 11 rappellent, par leur isolement à la recherche de l'agrément, la vie respective de Sérigne Touba et de l'Imam Ghazaly.

[17] Le Maouloud est le plus grnd mystère de l'Islam. Il intervient dans l'an 589 à partir de la naissance de Jésus. La valeur numérique de l'attributal Fatah, 489, est la différence entre 589 et 100. 201 est la valeur numérique l'attribut divin an-Nafi.
Ce qui s'ébauche, ici, est une science qui a son objet et sa méthode. C'est la première fois que les lois de mention de Dieu sont expliquées par les mathématiques et la logique. Les nombre sommatif qui dérive de 71 est la valeur numérique de l'attribut al-Malik (91) dont l'usage est 38, le rand de 163 dans le tableau des nombres premiers.
La caractérisation de la fin des temps par l'ignorance, les maladies et la guerre par l'homme de gloire, après 127 jours de présence, a lieu au 163e jour de l'an : le 15 Jumad 1440. Un jour de lune pleine ! La sourate Muhammad compte 38 versets.

Le miroir de l'Islam : Abraham

Al-Fatah est le code qui détermine l'écoulement du temps de l'alliance. Le temps de l'alliance est de quatre millénaires bornés par la valeur 4011 ans avec une première période de 311 ans. Il se pourrait que l'apostolat de Moise se situe au début du VIe siècle de cette durée.

L'ordre chronologique 14 de la sourate Abraham peut s'expliquer par la différence entre 553 et 539. Le 539e nombre premier est 3889. Cette donnée est un usage de l'attribut al Wadud et elle détermine la durée allant des vœux exaucés du Patriarche au retour de l'homme de gloire.

Le 64e nombre premier est 311. La différence entre 553 et 64 donne 489, la valeur numérique de l'attribut al-Fatah.

C'est par lui que l'Amour se révèle par ses deux unités : 1 et 19. C'est ce qui explique pourquoi la première sourate ne compte pas plus de 19 versets. Et aussi c'est ce qui explique sa 96e place dans l'arrangement du Saint Coran. La donnée 96 est le double de 48, l'ordre chronologique de la sourate al-Fatah[18].

Par 19, Maryam se révèle et la parole témoigne : « Je t'ai choisi et élue au-dessus de toutes les femmes de l'univers.» Une annonce de bonne nouvelle qui affermit la Paix dans le cœur. 371 et la somme 259 et 12. Le nombre 12 indique le Maouloud, comme le 12e jour du troisième mois, mais il dévoile aussi le 285e jour de l'an, le 12 octobre.

37 est le 12e nombre premier. Les données 37 et 12 sont respectivement les usages des attributs divins al-Wadud et ar-Rahim. La somme de 37 et 12 détermine le nombre premier 227. La sourate qui témoigne de la félicité du Patriarche renferme 227 versets.

---

[18] Sourate 48 :
27. Allah a été véridique en la vision par laquelle Il annonça à Son messager en toute vérité : vous entrerez dans la Mosquée Sacrée si Allah veut, en toute sécurité, ayant rasé vos têtes ou coupé vos cheveux, sans aucune crainte. Il savait donc ce que vous ne saviez pas. Il a placé en deçà de cela (la trêve de Hudaybiya) une victoire proche .
28. C'est Lui qui a envoyé Son messager avec la guidée et la religion de vérité [l'Islam] pour la faire triompher sur toute autre religion. Allah suffit comme témoin.
29. Muhammad est le Messager d'Allah. Et ceux qui sont avec lui sont durs envers les mécréants, miséricordieux entre eux. Tu les vois inclinés, prosternés, recherchant d'Allah grâce et agrément. Leurs visages sont marqués par la trace laissée par la prosternation. Telle est leur image dans la Thora. Et l'image que l'on donne d'eux dans l'évangile est celle d'une semence qui sort sa pousse, puis se raffermit, s'épaissit, et ensuite se dresse sur sa tige, à l'émerveillement des semeurs. [Allah] par eux [les croyants] remplit de dépit les mécréants. Allah promet à ceux d'entre eux qui croient et font de bonnes oeuvres, un pardon et une énorme récompense.

La valeur numérique du nom Ibrahim est le produit de 37 et 7 soit 259. C'est curieux de constater que le jour du retour de l'homme de gloire intervienne le 7 safar 1440, au 37e jour de l'an.

Les passerelles

Il y a trois millénaires depuis que l'âme aie atteint le niveau de perfection qui explique l'avènement du 312e messager. L'élection de Maryam pour le croisement du genre humain au genre angélique reste une expérience unique de la manifestation de la Vie.

En effet, le mystère de cet évènement est l'un des plus grand qui se manifesterait dans l'existence : un niveau de perfection qui fait jouir des avantages du paradis pendant son existence terrestre. C'est le symbole des fruits qui annonçait la conception immaculée. Cet évènement correspond à une prise de hauteur importante dans le Royaume.

Le pont Jalil

Seuls les reconnaissants savent que la bonne parole est l'outil de construction des interrelations. A ce niveau, l'être devient un compagnon fidèle de l'homme de gloire : Paix et Amour deviennent des valeurs cardinales dans ses rapports avec autrui. Son égo s'atrophie et son xozur se dilate. Il se repent toujours. La pratique excellente de la vérité en fait un croyant qui s'essaye dans la piété. Ainsi finit-il à atteindre la bienfaisance. Il n'a plus que la miséricorde même pour ceux qui n'ont que de l'adversité et de l'inimitié pour lui. Là, l'être devient un instrument de la manifestation de la miséricorde divine. La connaissance de la nature profondes des êtres se révèle à lui par une saisine, sans procédure, parce qu'elle est immédiate et instantanée.

Dans un intervalle fermé, la borne 643 est le début des 201 dernières bornes pour atteindre la borne 843. Les trois étapes dans l'enceinte scellée de la porte à la fin du piédestal se manifestent la divinité par l'attribut Jabaru (206).

La rencontre mariale

En examinant les 32 plus petits nombres premiers, en mettant l'accent sur 127 et 131, on découvre que ces données sont liées à la rencontre mariale. Le 2 safar était le 32e jour de l'année 1440.

Le nombre sommatif qui dérive du 32e nombre premier est 163 : c'est après les 162 premiers jours de l'an que débutent les 192 jours derniers de l'an. Par rapport au retour de l'homme de gloire, le nombre premier 163 s'appréhende comme la somme de 127 et 36. Le 36e nombre premier est 151 : la somme de 131 et 20.

La rencontre de Kaolack se situe au terme de 10 cycles de 151 jours à compter du 6 févirer 2017. En se familiarisant avec les données, vous finirez par comprendre que 240 est la différence entre 391 et 151. Et vous trouverez que la borne 241, dans un intervalle fermé de 391 borne, est le début des 151 dernières bornes.

C'est au 384e jour dans l'enceinte scellée que la vision de la grotte eut lieu. Ce qui place la rencontre mariale et le retour de l'homme de gloire respectivement au 340e et 345e jour. Le discours de l'homme de gloire est alors au 471. Ce nombre est la somme de 311 et 160. Entre ce discours et celui de l'élu, il y a 543 jours.

La rencontre mariale se situait au 453e jour en compter comptant à partir du 162e du parcours restreint. Ce point départ est le 289e jour de l'an 1437. La porte 66 est l'accès à la communauté des croyants.

La vision du 1er rajab 1442

On découvre qu'il est l'Inaccessible.

Depuis la rencontre du 4 rabi 1439, le vendredi 22 décembre 2017, ce jour est le 169e vendredi, le 17e jour depuis l'installation du vicaire.

Ce jour est le 86e jour depuis la manifestation du 1091e jour à compter du 3 muharram 1439. Ce sont les deux couples (55, 97) et (299, 91) qui permettent d'avoir le nombre 552. Le point lumineux sur la feuille blanche est la connaissance de la somme de 1091 comme l'addition des termes 898, 161 et 32. Ce qui permet d'interpréter la vision lointaine de 71, en lettre d'or, juste avant la rencontre mariale au 32e jour de l'an 1441. 193 est la somme de 161 et 32. 295 est alors la somme de 263 et 32.

La victoire

Du 7 Shawwal 1438 au 5 chaabane 1442, il s'est écoulé une durée de 194 semaines : à ce point s'ouvrit, en gras, la page **322.**

322 est la somme d 195 et 127. Le double de la somme de 322 et 20 donne 684 : *nuur la ilaha ila ra'oufoune*. 548 est la somme de 256 et 292. Alahou Akbar (289) se révèle dans la basmala par la somme de la valeur numérique des sept dernières lettres.

La donnée 289 est la somme de 113, 90 et 86. Ces nombres détermine la somme des valeurs numérique de al-Baqi, Kamal et Badi'ou. 392 est la somme de 289, 81 et 22.

La somme de 392 et 256 donne 684, le double de 342, le nombre qui détermine la valeur numérique du code en lettrine de la basmala.

La rencontre mariale, la visite organisée et la vision de l'élu sur le mirador trouvent leur jonction dans le code 843, la somme de 548, 90, 113 et 92. Le 289e jour depuis la purification par l'épreuve initiatique du 53e jour, par le Christ qui offrit du lait, Abd Rahman anNur Thani, avant de procéder au lavement de son pied droit.

Le 17 octobre

Le 17 octobre est le 290e jour de l'an. Rencontrer Son Seigneur consiste à tenir de Lui une réponse qu'on attendait que de Lui.

Il s'agit de l'attente d'une manifestation de la Parole, une Parole suffisante, qui s'est déjà manifestée en 6236 versets. La Parole que l'on reçoit est une production de sens par l'interprétation. Il ne s'agit pas d'un nouveau discours..

La bonne nouvelle annoncée par Marie renvoie à la nomination du 26 safar 1440. 450 est le produit des facteurs 5 et 90. Le 12 octobre se suit de cinq jours pour atteindre le 17, du même mois. La vision mena dans un stade olympique en compagnie de Moussa qui pédalait un vélo. A la hauteur de la piste de 100 m, il me demanda d'aller chercher ses effets alors qu'il était habillé en bleu : sa tenue de l'Institution Notre Dame de L'Espérance.

Le 450e jour est le 17 octobre 2018 à compter du 25 juillet 2017. La transmission de ce 11 mars 2021 concerne le 450e nombre premier. 450 est la somme de 104, 56 et 290. Le mystère de cinq est 10 par lequel l'invisible de l'espace ténu se manifeste. C'est la différence entre 327 et 317 dont la somme encapsulée par l'unité donne 731.

Vers une science de la mention de Dieu

Les usages des noms de Dieu sont enseignés par le Saint Coran, les évènements de la vie des prophètes et les visions qui relèvent du Saint-Esprit. Un usage comporte un degré d'inspiration de confiance par son acquisition soit par la transmission d'un guide ou par l'expérience intime.

L'usage de la basmala est 129. C'est le Saint Coran qui lenseigne par la sourate Tawbah. Une sourate qui ne comporte pas la basmala et elle est révélée à la 113e place. Donc elle est l'avant dernière sourate de la révélation. Son évènement fait que 113 sourates débutent avec la basmala. Elle compte 129 versets.

La valeur numérique de l'attribut latif est 129, l'usage de la basmala. Donc l'usage de la basmala est une valeur numérique d'attribut divin.

Le Maouloud est le 71e jour de l'an. Le 71e jour de l'an est le 12 rabi, le jour du Maouloud. Muhammad est le dernier des messagers ou le 313e messager. La valeur numérique du nom Adama est 45.

Le 45e nombre premier est 193, la valeur numérique de l'attribut al-Qabid. La donnée 71 est le 20e nombre premier. La valeur numérique de l'attribut al-Wadudu est 20.

L'usage de l'attribut al-Qabid est 71. C'est exemple montre comment les évènements de la vie des prophètes indiquent les usages de certains attributs divins.

Par ailleurs, ce sont les visions et les rencontres qui forment le lit de l'expérience intime. En général, les rencontres permettent d'accéder à la transmission d'attributs divins alors que les visions collectent, à la fois, des usages et des transmissions d'attributs divins par des données alphabétiques ou numériques.

La production de sens pour un usage implique le degré d'inspiration de confiance. Il est important de connaitre la signification de l'usage à travers la manifestation de l'essence divine, de la formule jaculatoire ou le nom de l'être agréé que renferme l'usage. De telles connaissances relèvent de l'expérience intime ou des enseignements d'un guide. Cette partie est assez représentative de la notion d'enceinte scellée. En effet, comment un guide peut-il affermir les pas d'un aspirant s'il n'a lui-même jamais connu les flots pérennes qui s'étendent sur « les vallées sanctifiées ».

Ainsi est la donnée 173 pour l'usage de l'attribut divin al-Alim. La donnée 173 est la valeur numérique de la formule la ilaha ila Jalil. Il arrive qu'un usage soit découvert par déduction logique.

Le bon usage peut révéler des ascenseurs. Il permet à l'aspirant de passer d'une station à une autre dans la pratique du dhikr. Le retour de l'homme de gloire s'est fait le 17 octobre parce qu'il confirme la promesse que renferme le verset 3 de la première sourate : cette date est le 619e jour à partir du 6 février de l'année précédente. La technique l'ascenseur permet d'accéder aux données premières de la création.

La valeur numérique de l'attribut al-Jami est 114. Le 114e nombre premier est 619, la valeur numérique du troisième verset de la Fatiha. 619 est la somme de 426 et 193. En outre, 426 la somme de 412 et 14 tandis que la donnée 412 la somme de 260 et 152. Le mystère de la création est la vie qui fait de l'Unicité une pluralité.

C'est ce qui explique pourquoi la valeur numérique de l'attribut al-Alim (151) est la somme des des valeurs numériques des attributs divins al Jami(114), al-Hayy (18) et al-Wahid(19).

Printed by Books on Demand GmbH, Norderstedt / Germany